成交
的
艺术

成杰◎著

中国传媒大学出版社
·北京·

图书在版编目（CIP）数据

成交的艺术 / 成杰著. --北京：中国传媒大学出版社，2024.3
ISBN 978-7-5657-3617-9

Ⅰ.①成… Ⅱ.①成… Ⅲ.①销售－语言艺术－通俗读物 Ⅳ.①F713.3-49

中国国家版本馆CIP数据核字（2024）第030749号

成交的艺术
CHENGJIAO DE YISHU

著　　者	成　杰
责任编辑	曾婧娴
特约编辑	李淼淼
封面设计	济南新艺书文化
责任印制	李志鹏

出版发行	中国传媒大学出版社		
社　　址	北京市朝阳区定福庄东街1号	邮　　编	100024
电　　话	86-10-65450532　65450528	传　　真	65779405
网　　址	http://cucp.cuc.edu.cn		
经　　销	全国新华书店		

印　　刷	涿州市京南印刷厂
开　　本	880mm×1230mm　1/32
印　　张	5.25
字　　数	135千字
版　　次	2024年3月第1版
印　　次	2024年3月第1次印刷
书　　号	ISBN 978-7-5657-3617-9/F·3617　　定　价　58.00元

本社法律顾问：北京嘉润律师事务所　郭建平

The Art of Deal
成交的艺术
目录

序　成交的艺术　/01

为爱成交·开篇语　/03

心法篇

·壹·
销售等于帮助

帮助就是付出　/005

帮助就是给予　/006

帮助就是布施　/007

帮助就是贡献　/007

帮助就是价值创造　/008

·贰·
成交就是成就

销售的三大误区　/013

与顾客成交，是为了更好地成就他　/015

成交的心法　/018

·叁·
持续创造价值

对内成就同仁　/023

对外造福顾客　/025

招式篇

·肆·
让自己看起来像个"好产品"

坚持：始终如一，做我所爱，爱我所做　/036

发心：正念利他，一心成就更多的顾客　/037

目 录

精进：向上向善，让顾客感受到我鲜活的存在　/038
圈子：圈子决定命运，持续向高能量的人靠近　/041

·伍·
让自己更"值钱"

我是我人生的CEO　/049

寻找人生的使命感　/056

十年战略看人生　/058

能力提升一分，收入裂变N倍　/062

价值决定收入，创造决定未来　/064

做卓有成效的管理者　/065

·陆·
建立信赖感

倾听，问很好的问题　/077

真诚地赞美顾客，肯定顾客　/078

持续地认同顾客　/078

模仿顾客，与顾客同频　/078

熟悉产品的专业知识　/079

为成功而穿着，为胜利而打扮　/080

彻底地了解顾客的背景　/080

大量使用顾客见证、媒体见证　/081

在对的时间、对的空间，和对的人做对的事　/082

· 柒 ·
让顾客主动购买

建立自己在行业中的"江湖地位"　/090

创造自己在行业中的传奇佳话　/091

持续创造属于自己的故事　/091

为顾客赋能和创造价值　/093

把自己的思想精华著成书　/094

把自己的故事拍成视频　/094

· 捌 ·
销售的十大策略

策略一：销售我们的爱　/102

策略二：销售我们的状态　/108

策略三：销售我们的感觉　/111

策略四：销售我们的情感　/112

策略五：销售我们的故事　/113

目 录

策略六：销售我们的梦想　/115
策略七：销售我们的品牌　/116
策略八：销售我们的公司、文化、团队、人才　/117
策略九：销售我们的使命　/119
策略十：销售我们的商业蓝图　/120

·玖·
成功招商的十大关键

关键一：明确招商会的目的和意义　/129
关键二：找到并明确招商会的抓手　/130
关键三：建立邀约流程和奖励机制　/131
关键四：把握好顾客的数量和质量　/132
关键五：预先做好充分的前期铺垫　/132
关键六：招商会会场的选址和布局　/133
关键七：招商会会务的流程和品控　/135
关键八：舞台主讲人员的演讲水平　/135
关键九：顾客无法抗拒的购买方案　/136
关键十：团队齐心协力、协同配合　/136

超级推销员自我确认　/141
绝对成交的信念　/142

·序·
成交的艺术

无论销售什么产品,你都要学会有效地成交。一切不能成交的销售都是在"耍流氓"。我始终坚信:如果不成交,就是在浪费顾客的时间。只有成交,才能够更好地帮助顾客。只有先与顾客成交,才能开始为顾客服务。所有的成交,就是为了更好地成就顾客。

自 2003 年从事培训工作起,在这 20 年的时光里,我先后在 165 座城市发表公众演说 6500 余场。

人生所有的成果,都是因为会成交;人生所有的成交,都是因为有了爱。

从一堂课只能面对寥寥几个人演讲,到一堂课可以面对 5000 人演讲;从初出茅庐、籍籍无名的演说新秀,到成为中国教育培训界与世界大师同台演讲次数最多的演说者;从文学爱好者,到如今多本畅销书的作者;从怀揣着"用毕生的时间和精力来捐建 101 所希望小学"的梦想,到梦想一步步照进现实——我们现已落成 21 所希望小学,一对一资助贫困学生上千名;从创业初期的 5 个人,到目前逾 300 人的精英团队,我们将巨海打造成了中国教育培训界的领军品牌，让巨海的课程开遍大江南北，影响了20万家企业，上百万名学员；从创业初期租赁160平方米的办公室，到10年后在上海滩购置3000平方米的独立办公大楼……

这所有的一切，都是因为成交。而所有成交的前提，都是因为爱。这就是"为爱成交"！

成交是一门艺术，这门艺术可以学习，亦可复制。

"为爱成交"首次开课是在2015年，那时候仅仅有150名学员，现在，我们一期课程的参课学员能够达到三四千人。

2019年，我将"为爱成交"课程内容提炼成同名书《为爱成交》。众多学员纷纷表示：结合这本书，他们可以更好地吸收、消化和运用课程内容。而随着近几年课程的持续优化和升级，我对这门课有了许多新的认知和感悟，总结出更多有价值的内容，故而全新写就《成交的艺术》一书，希望能够帮助、影响和成就更多的学员及读者朋友。

为爱成交，让成交如呼吸般简单！

成杰

The Art of Deal
成交的艺术

为爱成交

·开篇语·

成交的艺术

为爱成交·大爱篇

孔子大道之行，天下为公，是爱；
佛陀示教利乐，普渡众生，是爱；
老子智慧玄远，利益古今，是爱；
耶稣教化天下，救苦救难，是爱。

爱是一缕轻风，
清凉拂面，炎热夏日，给众生清爽之感。
爱是一汪清泉，
解除路人口渴之苦，洗涤众生烦恼之根。

爱是美好，爱是成全，
爱是给人自由，爱是给人方便，
爱是站在被需要的角度发自内心地给予。

爱有一个不变的源头——心，心无芜杂。
爱是纯净的，
爱是无私的，

为爱成交·开篇语

才能在生命之间流动,
才能为之升华。
若真爱一人,便会倾尽生命之余力,
帮助他、服务他、成就他,为他奉献一切。

爱的进化是慈悲,慈悲没有敌人;
爱的升华是智慧,智慧没有烦恼。
以慈悲为本,以利他为先,
那么,爱就如冬天的阳光,普照大地、温暖世间。
以智慧的力量提升爱的温度,
那么,爱就是流动的源泉,滋润彼此的心田。

慈悲是进化的爱,
是不求回报的布施,
是成就对方的宏大愿力。
人与人之间,
需要爱的流动、爱的升华、爱的圆满、爱的和谐。
任何无私的付出,都给予爱的能量、爱的智慧和爱的慈悲。
结缘是爱,连接是爱,成交是爱。
一切成交的核心,基于爱。
一切成交,亦是:我爱你。

佛经有云:爱人如爱己,率己以随人。

成交的艺术

付出爱,才能得到爱。
爱出者爱返,福往者福来。
一个付出爱的人,才能觉察内心的丰盛与喜悦。
与其百思如何索取爱,不如从付出爱开始。

爱是因,成交是果。
因为有一份爱的力量,就会有一份慈悲的力量。
我要给予你我全部的爱,给你我无私的帮助。

爱是自然的流淌。
当爱流动于彼此之间,成交便顺其自然。

爱是庙宇,恨是坟墓。
在爱中,生命将迎来顶峰;
在恨中,生命将跌落死亡的境地。
让我们发现爱,追寻爱,拥有爱,分享爱,成为爱。

为爱成交·开篇语

为爱成交·认知篇

世间万物，都在爱的孕育中诞生，在爱的滋养中成长。
爱在阳光普照里，在雨露恩泽中，
无声无息，自然流畅，
为生命中最美的体验、最真的感受。

因为爱，生命成为感恩的福地；
因为爱，生命拥有永恒的延续。

爱，
是生命中最神圣的存在，
是灵魂的栖息乐园，
是留于脸庞的淡淡微笑，
是轻轻挥手间的邂逅美好，
是眼底深藏的丝丝柔情……

一份爱，成就天长地久、刻骨铭心；
一份爱，告别黯然神伤、伶仃孤苦；

成交的艺术

一份爱，令人于红尘之中拥有幸福与喜悦、伟大与不朽。

爱是最美的神来之笔，涂抹生命的精彩，为生命加冕；
爱是食粮，滋养生命开出最绚丽的幸福之花；
爱是灵丹妙药，治愈世间疾苦，疗愈人生痛苦。

爱如同呼吸一般，是内心自然的流淌与运作。
若生命中不曾有爱，人生将没有任何诗情画意；
若生命中不曾有爱，人生将掩埋于寒冷与阴霾中。

爱是生命中最伟大的字。
我爱你，是世间最有能量的话。
我若爱你，
如同在灵魂之上雕刻印记，成为生命自始至终的挂碍。
我若爱你，
生命安放之处，一切皆为美好。

为爱成交·理念篇

倾听，是为了更好地施加爱。
倾听顾客的需求，倾听顾客的心声。
满足顾客的需求，超越需求，便是爱的课前准备。
信赖，是爱的基础，是爱的营养。
信赖，是一种责任。
没有信赖，何谈爱？
爱是倾听，爱是信赖。

给予的前提是了解。
如果一味给予，并非基于爱的需求，
那么给予便不会附加爱的意义。
了解妻子，是为了更好地爱妻子；
了解父母，是为了更好地孝顺父母；
了解顾客，是为了更好地帮助顾客。
当付出的是对方需求的，爱才能够发挥价值。
因此，了解是爱的前提，是爱的一部分。
关心是爱的表现形式。

没有细致入微的关心，如何能感受到爱呢？

爱在不知不觉间，在细枝末节间。

我爱你，便把你放进心里，关心你。

爱是了解，爱是关心。

爱是慈悲，慈悲是最美的沟通，

怀有慈悲与爱的交流和沟通最具真情与能量。

交流和沟通，是连接爱的重要桥梁。

没有交流和沟通，爱只是内心压抑的火花，不是燎原的烈火。

交流和沟通就像土壤，孕育爱的花朵。

爱是心与心的交流，爱是情与情的沟通。

爱是交流，爱是沟通。

语言具有能量。

爱要打开心扉，使其自然流淌，

让对方听到、感觉到。

爱的表达方式有多种：

歌声传递、书信表达、文字诉说、肢体表达、信物传情……

而表达爱最直接、最有效的方式，是语言。

分享一份爱，爱会延续、流动、成长，生命会充满力量。

分享是伟大的。

为爱成交·开篇语

只有分享，才能创造更大的价值。
销售要发自内心地分享我的感觉、我的体验和我的受益。
爱要说出口，爱要乐分享。

爱，越付出，越拥有。
爱一直隐藏在心中，不增不减。
只有在付出爱的时候，才能真切感受到拥有爱。
若一味索取，便遮掩了发现爱的眼睛。
爱是贡献。
太阳贡献阳光，阳光沐浴万物；
天空贡献雨露，雨露滋润众生。
只有在不断地贡献中，爱才能被感知。
爱是付出，爱是贡献。

爱是勇者的游戏，爱使你我无惧。
事业需要主动争取，爱情需要主动争取，幸福需要主动争取。
爱要主动出击，成交亦需主动出击。
每一份主动，都会增加一分成交的概率；
每一份主动，都会增加爱的温度。
顾客可以拒绝我的销售，但是无法拒绝我对他的爱和关心。
爱恒久不变，爱天长地久，
爱需要时间，时间可以证明一切。

成交的艺术

爱要主动出击,爱要花时间。

爱自己最好的方式,就是自我成长;
爱顾客最好的方式,就是成就顾客。
爱要天天练习。
练习让一切变得更加美好,
练习是为了爱的成长,为了自我超越。
爱需要绵延不断地成长。
一个不能日日精进的人,就是在背叛自己的梦想;
一个不断自我超越的人,就是在呵护自己的梦想。
爱要天天练习,爱要日日精进。

爱他人,是爱自己的映射。
爱自己,要给自己想要的。
爱他人,要给他人想要的。
走进被爱者的灵魂深处,感受所需之爱,
爱才充满慈悲,充满善良。
拥有爱的人是快乐的,
给予爱的人是幸福的,
充满爱的世界是温馨的。
用心去爱,响应爱的召唤,
让心灵在爱中丰满强大。

为爱成交·开篇语

爱是对生命百分之百负责。
我们要用慈悲扩大所爱，用智慧净化所爱，
用尊重对待所爱，用牺牲成就所爱。
我们需要胸怀梦想，心怀感恩，
我们需要用生命影响生命。
爱是星火，可以燎原。
愿世间众生被柔情以待！

为爱成交·信念篇

宇宙中有一股强大神奇的力量,藏于万事万物中。
犹如一道闪电,开天辟地;
犹如一声惊雷,震慑山谷。

它无坚不摧,无往不胜;
它成就勇士,开创霸业。
它根植于你我的心中,它是力量的源泉;
它犹如一颗原子弹,一经爆发,再坚固的城堡也会骤然坍塌。
它便是信念!

生命是信念运作的结果。
人生目标的实现靠信念的推动。
成功来自信念的力量。
伟大的人以伟大的信念作为支撑。
信念一旦改变,命运就改变。
信念是坚定不移的观念。
信念是确定的感觉与确定的力量。

持续不断相信,就成为一种信念。
永恒相信,就成为一种信仰。
信仰,是扎根心底的树,不可动摇、坚定无比。

枯木逢春,是信念的力量;
铁杵成针,是信念的力量;
愚公移山,是信念的力量;
……
拥有信念,人生便没有到达不了的远方,没有攀登不了的山峰!

塞缪尔·约翰逊说:
"伟大的作品,不只靠力量完成,更靠坚定不移的信念!"

有信念的人,才有希望;
有希望的人,才有自爱和他爱。
人一旦拥有信念,便会向成功靠拢;
人一旦拥有信念,便无所不能;
人一旦拥有信念,便如同一支利箭,射穿成功的核心。

泰戈尔说:
"信念是鸟。它在黎明仍然黑暗之际,感觉到了光明,唱出了歌。"

成为销售高手的心法，便是信念。
信念释放能量，激发热情与渴望。
销售人员拥有强烈的信念，
才会主动学习，
才会在挫折、失落时，矢志不移，奋勇进取，勇往直前！

销售是信心的传递，销售是情绪的转移，
销售是决心的较量，销售是能量的说服。

信念始于相信。
你足够相信时，相信便会传递，信念便会产生。
信念是一种非实现不可、非到达不可、非突破不可、非战胜不可、非成交不可的能量！

信念让爱根深蒂固，信念让爱深刻鲜明。
在信念的运作下，
销售人员是勇敢的，是无惧的，是无私的，是付出的，是全力以赴的！

把一种强力的信念植入思维中，
信念便会产生无穷无尽的能量，
你便在信念的作用下实现梦想、拥有成功！

心法篇

壹

销售等于帮助

The Art of Deal
成交的艺术

·壹· 销售等于帮助

不少销售人员会感到成交有障碍。之所以有障碍，是因为他们认为成交是：卖东西给顾客，赚顾客的钱。这样的想法让他们感觉自己好像是在求顾客。为什么不能这样想：我是来帮助顾客的，帮助顾客解决问题和困惑，我有什么不好意思的呢？

我们做销售，不仅仅是为了把产品卖出去，从而赚取佣金、赚取财富，更重要的是我们要有纯粹的发心，要发自内心地希望帮助到更多的顾客。因为**帮助别人的人，最终会帮助自己；成就别人的人，最终会成就自己**。分享给大家一句话："**爱出者爱返，福往者福来**。"一个把爱奉献出去的人，最终会得到爱的回流；一个把幸福、祝福、美好给别人的人，最终会拥有美好和幸福的人生。

帮助是什么？为什么说销售等于帮助？下面从五个维度为大家解读。

| 帮助就是付出 |

我们在跟顾客沟通的过程中，要有甘愿付出的心。当我们把付出变成一种习惯时，赚取财富将不再是难事。**付出才会富有，付出才会杰出。**

我非常喜欢讲的一句话就是："**谁先付出谁先赢。**"当我们能够去付出，能够为顾客创造价值的时候，我们的用心，顾客是能感受到的。

这里分享一个小技巧：见面有礼。每次拜访顾客之前都准备一份小礼物，这份礼物不一定是很贵重的，但一定是你精挑细选的，可以让顾客感受到你的一片心意。

帮助就是给予

帮助就是给予，给予什么？给予我们的时间、精力、心血，给予我们对顾客的关心和爱。**销售是爱、信心、希望的传递。**销售是一种爱的表达途径。

比如对从事美容行业的人而言，向顾客介绍可以让顾客变得更美的产品，是一种爱，帮助顾客变美可以让顾客获得更大的自信，对生活更有热情。从业者把关注点放在这里，就会感到销售工作的神圣和伟大。

当我们能够持续不断地给予的时候，顾客就会越来越喜欢我们。

·壹· 销售等于帮助

| 帮助就是布施 |

所谓的布施就是：因为我的出现而让你变得更好。我无条件、无怨无悔、发自内心地帮助你，并且希望你能够变得更好。

我们以这样的心态面对顾客，就不会觉得自己是有求于顾客的。

| 帮助就是贡献 |

因为我们的贡献，让顾客变得更成功、更富有、更健康、更美丽、更幸福、更喜悦、更自在……我们就有了存在的价值和意义。顾客忠诚的不是我们的企业，不是我们的品牌，而是我们的企业和品牌能为他创造的价值。这个价值其实就体现了我们的贡献。

我们要有一个坚定的信念：**我的出现，就是要帮助顾客；我的出现，就是要影响顾客；我的出现，就是要成就顾客；我的出现，就是要造福顾客**。当带着帮助顾客、影响顾客、成就顾客、造福顾客的心态出现在顾客面前的时候，我们就会变得更自信。**自信才会他信，真信才会真成**。当我们变得更自信的时候，顾客才会因为我们的自信而相信我们。

在销售的过程中，我们要带着帮助顾客的心出发。帮助的顾客越多，我们存在的价值和意义就越大。或许我们也会遭受到顾客的不理解和拒绝，但是没有关系，当遭受拒绝的时候，我们可以对顾客说："**我是来帮助你的，其实你买与不买都没有关系，我只是发自内心地想帮助你。我们的产品和服务对你有用，对你有帮助，这才是最重要的关键。你说是吗？**"这也是我们应对顾客抗拒时非常重要的话术。

帮助就是价值创造

面对顾客时，我们要想：我是在给你创造价值，我是为你好。

销售工作是造福众多生命的直接通道。不要觉得不好意思收钱，**成交才是帮助顾客的开始。**要想帮助顾客，最好的办法就是把产品卖给他。我们的产品和服务再好，如果顾客不买单，我们如何帮到他？

我现在坚定地要把"为爱成交"课堂办起来，我要找更多的合作伙伴，还要通过"为爱成交"专场为企业深度赋能，创造更大的价值。当我能为别人创造价值的时候，我个人的价值就有了提升。我之所以有用，是因为我对别人有用，因为我对顾客有用。

销售等于帮助。多想想过去因为我们的销售而帮助多少顾客改变了其人生和命运，我们就可以真正感受到销售的伟大！

壹　销售等于帮助

> **要点回顾**
>
> **销售等于帮助**
>
> 1. 帮助就是付出。
> 2. 帮助就是给予。
> 3. 帮助就是布施。
> 4. 帮助就是贡献。
> 5. 帮助就是价值创造。

帮助别人的人，最终会帮助自己；
成就别人的人，最终会成就自己。

付出才会富有，付出才会杰出。

自信才会他信，真信才会真成。

我的出现，就是要帮助顾客；
我的出现，就是要影响顾客；
我的出现，就是要成就顾客；
我的出现，就是要造福顾客。

成交才是帮助顾客的开始！

贰
成交就是成就

The Art of Deal
成交的艺术

·贰· 成交就是成就

我们非常渴望多成交、成大单。那如何才能办到呢？非常重要的核心，就是我们要建立一种正确的认知和信念：成交就是成就。成交一定不是为了赚钱，而是为了更好地成就顾客。

| 销售的三大误区 |

销售人员经常会陷入三大误区。

误区一：认为销售就是为了赚钱

如果仅仅是为了赚钱，销售就没有吸引力，没有意思。做销售不能只是为了赚钱，应该是为了更好地帮助顾客和成就顾客。如果我们能够帮助顾客、成就顾客，赚钱就会是顺其自然的事。只是把产品卖出去，却没有帮助、成就顾客，这样的销售是没有意义、没有价值的，也是不持久的。自利则生，利他则久。只有真正对顾客有用，对顾客有价值和意义，我们的产品才可以卖得更好，我们的事业才可以做得更持久。

误区二：不好意思向顾客收钱，不敢要求，不敢成交

很多人不好意思做销售，不好意思推动成交，不好意思收钱，这是另一个极端。还是那句话，如果我们能帮到顾客，我们会发现成交就是成就顾客，有什么不好意思的呢？

误区三：成交前对顾客无比热情，成交后对顾客漠不关心

很多人把功夫下在成交之前，当顾客买单后，就不再关心和过问顾客。这种销售行为是在自掘坟墓。

销售是棵发财树，服务是棵摇钱树。销售中的服务分为售前服务、售中服务和售后服务。我们在顾客买单之前做服务叫售前服务，在顾客买单的过程中做服务叫售中服务，在顾客买单之后还持续关心顾客叫售后服务。事实上，售后服务远比售前服务和售中服务重要。

销售会让我们赚钱一时，服务会让我们富有一世。 我们卖出一个产品，成交一笔订单，可以赚到一定的佣金。而当我们把顾客服务好，尤其在成交后还向顾客提供好的服务时，顾客会持续向我们买单，甚至会把他的朋友转介绍给我们，这会让我们持续收获金钱。所以我们不仅要注重售前服务、售中服务，更要注重售后服务。**只有持续为顾客服务，持续为顾客创造价值，持续与顾客保持有效连接，生意才是你的。**

·贰· 成交就是成就

| 与顾客成交,是为了更好地成就他 |

我喜欢喝绿茶,尤其喜欢喝四川的竹叶青。十多年前我到一个地方出差,刚好住的酒店旁边有一个商场,我进去后发现有销售竹叶青的专柜,就打算买点茶叶。接待我的销售人员亲和力、态度、专业能力都特别棒。我买好茶叶,就到酒店停车场,从我的车的后备箱拿出一本书,又转身回到商场,找到那个销售人员,跟她说这是我写的书《谁是下一个演说家》,我想把这本书卖给她。

有人或许感到奇怪,我为什么要卖书给她?我是想赚她几十块钱吗?其实我就是想帮助她,想成就她。我卖书不是为了赚钱,而是想成就一个有态度、有潜力的人。

2012年6月,我到成都讲课,讲完课刚好有时间,我就和同事去青城山游玩。我在售票处请了个导游,导游是个小姑娘,还是大学生,是利用假期来这儿实习的。她很用心,一路上的讲解都非常好,和我们相谈甚欢。最后我们走的时候我说:"小姑娘,我感觉你很有潜力,我想帮助你。"她很开心地说:"你怎么帮助我?"我说:"我推荐你看一本书,或许会改变你一生的命运。"她说："什么书？我一定认真看。"我说："《谁是下一个演说家》，你得买来看看。你会买吗？"她说："会买。"我说："太棒了。如果你看完这本书，觉得特别好，你就跟这个帅哥（巨海现任执行总裁李玉琦）分享一下你学习的心得。"于是他们互留了电话号码。后来，那个小姑娘真的买了这本书，认真看完了，和李玉琦老师进行了一些交流，聊得很不错，她大学毕业后也来巨海工作了一年半，在公司表现很不错。就这样，我成就了别人，顺便成就了自己。

一切成交都是为了爱。与顾客成交，就是为了更好地成就顾客。在经营企业的过程中，当我们能够成就更多的员工、更多的顾客时，我们就能够把事业做得更大、更强、更好。事业的成功，一定是建立在成就更多员工的基础之上的；事业能够做得更好，是因为能够造福更多的顾客。经营企业的核心就是对内成就同仁，对外造福顾客。

再分享一个案例。

巨海有一名学员叫黄立强，他来自贵州茅台镇大福酒业。他是在别人的推荐下走进巨海的课堂的。

对于酒业集团而言，销售很重要。老话说："酒香不怕巷子深。"但在今天这样一个全员营销的时代，酒香也怕巷子深，酒再香也需要有好的销售策略和营销方法。

·贰· 成交就是成就

黄立强最初非常抗拒走进巨海学习，但是他的姐姐是巨海学习的受益者，一直在劝导他，他也逐渐发现身边在巨海学习的朋友都发生了变化，在大家一而再、再而三地推荐下，他决定走进巨海"为爱成交"的课堂。

走进课堂之后，黄立强发现这里介绍的正是他真正想要的销售成交系统。迄今为止，他学习"为爱成交"的课程20多次，个人和企业都获得了巨大的成长和突破。同时，他站上巨海"为爱成交"千人课程的舞台，分享他的企业、他的企业的文化和产品，也因此在巨海的平台上找到了志同道合的合作伙伴，拓宽了销售渠道。

在学习之前，黄立强的企业一年的营业额只能做两三千万元，销售团队只有十几个人。他深度连接巨海，将在巨海的所学、所感、所悟以及一系列的策略和方法运用在他的企业当中。他了解到巨海有一支优秀团队叫"成长突击队"，便将打造"成长突击队"的方法复制到他的企业中。经过几年的努力，他的销售团队从十几个人发展到了今天的两百多人，营业额也实现了十倍的增长。

同时，他深刻理解了我所讲的一句话——"经营企业要学会经营场"，人造场，场造人。于是，他花重金对工厂和办公环境做了大幅度的装修升级。

当然，经营企业不仅要学会经营场，还要学会经营势。比如京东有"618"，阿里有"双11"，巨海有

"7.18"和"12.18",这是种营销造势。黄立强通过学习,真正懂得了经营势。在每年重阳节,他的企业会邀请经销商来参加活动——祭水大典。在大典中,他们运用巨海的会销模式进行招商引资、产品项目的推荐。每一场活动取得的营收成绩都非常可观。

从半信半疑到坚信无比,追随巨海学习成长,拿到越来越好的结果,类似的学员案例还有不少。这也使得我更加确信:成交就是成就。

| 成交的心法 |

相信每个人在做销售的时候,都遇到过顾客的拒绝。当被顾客拒绝的时候,如何调整自己的心态,让自己拥有满满的能量?

我与大家分享一个成交的心法:

当遭受拒绝、疲惫不堪、动力不足的时候,静下心来,好好地想一想我们曾经帮助过的顾客,他们因为我们的销售享有了优质的产品和一流的服务,从此拥有了不一样的人生,发生了彻彻底底的改变。我们每每想到他们改变的情形,都会兴奋不已、欣喜若狂,感受到销售的神圣和伟大,于是信心、能量瞬间回来了!

· 贰 · 成交就是成就

要点回顾

销售的三大误区

1. 销售就是为了赚钱。(×)

   销售是为了更好地帮助顾客、成就顾客。(√)

2. 不好意思成交,不好意思收钱。(×)

   我是来帮助顾客的,有什么不好意思的呢?(√)

3. 成交前对顾客热情无比,成交后对顾客漠不关心。(×)

   不仅要注重售前服务、售中服务,更要注重售后服务。(√)

成交心法

当遭受拒绝、疲惫不堪、动力不足的时候,

静下心来,好好地想一想我们曾经帮助过的顾客,

他们因为我们的销售享有了优质的产品和一流的服务,

从此拥有了不一样的人生,发生了彻彻底底的改变。

我们每每想到他们改变的情形,

都会兴奋不已、欣喜若狂,感受到销售的神圣和伟大,

于是信心、能量瞬间回来了!

销售等于帮助,成交就是成就。

当我心中有爱的时候,

我的生命就会活成一束光,

照耀着我所遇到的每一个人!

实操方案

顾客见证

销售的一个非常有效的方法是：顾客见证。

顾客见证有五大工具：文字、图片、图文并茂、视频、现身说法。

持续创造势能

卓越的领导人都懂得：持续不断地创造势能。

持续创造公司势能的途径有：

1. 结合"创始人入行的时间"举办大型活动。

2. 结合"公司成立的时间"举办大型活动。

叁

持续创造价值

The Art of Deal
成交的艺术

·叁· 持续创造价值

不少人觉得现在生意越来越难做了，觉得现在赚钱没有以前那么容易了。在我看来，不是现在赚钱难了，而是以前赚钱太容易了。还有一些老板和管理者认为现在的员工不太好管理，特别是"90后""95后""00后"员工，背后也是一个道理。所有的难往往都跟"价值"两字有关。产品为什么卖得很吃力？因为产品的价值不够。为什么员工对你的忠诚度不够？因为员工的价值感不够。

价值感是我近年来做商业研究的一个重点。我和不少企业家交流过，大家也很认同我的观点。在我看来，经营企业的核心就是对内成就同仁，对外造福顾客。这一点上章提到过，下面再具体阐述一下。

| 对内成就同仁 |

员工是否忠诚于你？员工忠诚的是你、你的企业，还是你和你的企业能够为他创造的价值？表面看起来员工是忠诚于你和你的企业，实际上，**员工忠诚的不是你，也不是你的企业，而是你和你的企业能够为他创造的价值、带给他的价值感。**你和你的企业能够为员工创造的价值越大，带来的价值感越强，对员工的吸引力就会越大。也就是说，**企业和老板带给员工的价值感越强，员工的追随力就越强**。为什么有人走着走着就不跟你走了，干着干着就跟你分道扬镳了？第一，你们的价值观不一致；第二，你的吸引力不够大。

我讲过一句话——留人最重要的核心就是不要考虑留人。或许有人会问，很好、很优秀的人才，不留怎么行？不考虑留人是什么意思？我的意思是：你不要把焦点放在怎么留人上，而应该想如何让你和你的企业对员工有用。这个"有用"就是让员工有价值感。如果你和企业让员工有价值感，那你不用刻意挽留，他也会留下来；如果你和企业让他没价值感，那不管你用什么手段，也是留不住他的。

有个说法叫**"道不外求"**，就是你要回到内心深处，让自己变得够大、够强、够好。当你变得够大、够强、够好的时候，人才自然被你吸引。

我们要如何做才能提升员工的价值感？

最简单的方法是：提高员工的福利待遇，让优秀的人才享有股份和分红。更深层次的是：增强企业的盈利能力，提高企业的竞争力。一定要想办法让员工的价值感变强。员工的价值感越强，其对企业的追随力和忠诚度自然而然也就越强。

> 刚创业的时候，我不够强大，有员工要离职，我就天天请他们吃饭，陪他们谈心。我当时最痛苦、最艰

· 叁 ·　持续创造价值

难的是，跟我的几个核心骨干聊到凌晨3点半，聊完他们还是要走。后来我发现：我不够强，用什么方法也留不住人。所以那个时候我悟出一个道理——**让自己强大，才是唯一的出路**。我不强大，再有诚意没用。说得直白一点，如果企业不赚钱，我就是把99%的股份给员工也没用。唯一的出路就是做一个动作——让自己强大。所以当遇到问题、遇到困难、遇到挑战的时候，我只给自己讲一句话——**做好自己**。当我把自己做好，当我变强了，很多问题都会迎刃而解。

在巨海12周年庆典，以"回归本真，从心出发"这八个字作主题致辞的时候，我讲了两句话——**做好自己，即是爱与贡献；做好当下，即是美好未来**。

第一，做好自己。我们把自己做好了，就是对团队的爱，对团队的贡献，就是对家庭、对社会、对时代的爱与贡献。

第二，做好当下。我们当下什么都做不好，又怎么谈未来？当下即一切，当下即未来。美好未来从何而来？美好的未来是从一个个当下中来的。我们把每一个当下做好，未来才会变得美好！

对外造福顾客

顾客成功，我们才有成功的机会；如果顾客不成功，我们谈成功那是假的。顾客为什么选择我们的品牌、我们的产品？因为我们能提供价值感。**顾客忠诚的并非企业和品牌，而是企业和品牌带给他的价值感。**

就像你买一个名牌包，促使你购买的是这个包本身，还是这个品牌能够让你有自信的感觉？不少人买名牌包，不只是为了装东西，主要还是因为它能带来自信，带来美好的感觉，带来价值感。

你喜欢一个品牌，是因为这个品牌很好吗？不是，而是你用这个品牌感觉好，是这个品牌能够为你带来价值感。就像我一直使用某品牌的领带，其他牌子的领带我戴着都没感觉。我忠诚的不是这个品牌本身，我忠诚的是：它能够给我带来的美好感觉。

我们要如何做，顾客才会对我们更忠诚？

顾客的价值感越强，顾客的忠诚度就越高，其追随力就越强。顾客没有价值感就没有忠诚度，没有价值感就没有追随力。

很多学员来巨海学习一次"为爱成交"课程要花四五天时间，课程占三天，往返各要半天到一天。**人生最大的成本就是时间成本和时机成本，因为时间是不可再生的资源。当下的商业竞争，抢夺的就是顾客的时间。** 谁拥有了顾客的时间，谁就能赚到顾客的钱。比如，学员把这几天时间花在巨海，就不可能去其他公司听课，也不可能去干其他事，他在这几天的金钱支出，就只能给巨海。再说得直接一点，谁愿意把时间给你，谁就会把钱给你。如何才能吸引顾客愿意把时间给你？秘诀就

·叁· 持续创造价值

是三个字：价值感。你能带给顾客的价值感越强，你的竞争力就越强。

综上所述，不管是对内对员工还是对外对顾客，都一样。员工忠诚于我们，顾客追随于我们，都只有一个原因——我们有价值。

几年前，我讲"对内成就同仁，对外造福顾客"，很多人还听不懂，现在我讲"价值感"，大家就容易理解了。我们要在公司开展头脑风暴：对内如何成就同仁？对外如何造福顾客？这个头脑风暴做和不做，结果一定不一样。企业老板一定要花时间去做，要带头做，要动员管理层和基层参与，所有人都要做。我对巨海员工的要求用四个字概括就是：**过脑过心**。

> **要点回顾**
>
> **持续创造价值**
> 1. 对内成就同仁。
> 2. 对外造福顾客。

员工忠诚的不是你,也不是你的企业,
而是你和你的企业能为他创造的价值、带给他的价值感。
员工之所以忠诚于你,
是因为你能够持续地为员工创造价值,让他有价值感。

顾客忠诚的不是企业,也不是品牌,
而是企业和品牌能为他带来的价值感。
顾客之所以忠诚于你,
是因为你能够持续地带给顾客价值感。

企业和老板带给员工的价值感越强,
员工的追随力和忠诚度就越强。

企业和品牌带给顾客的价值感越强,
顾客的追随力和忠诚度就越强。

做好自己,即是爱与贡献;
做好当下,即是美好未来。

叁 · 持续创造价值

实操方案

公司分层级做头脑风暴,思考:

1. 企业要如何做,才能提升员工的价值感?

2. 企业要如何做,才能提升顾客的价值感?

案例

对内成就同仁

设置"三大基金":

1. 孝道基金——对父母。

2. 幸福基金——对伴侣。

3. 教育基金——对子女。

对外造福顾客

走进市场,赋能顾客。

促成成交的三大妙招

1. 成为顾客的顾客。

2. 为顾客介绍顾客。

3. 为顾客持续创造价值。

招式篇

肆

让自己看起来像个"好产品"

The Art of Deal
成交的艺术

· 肆 ·　让自己看起来像个"好产品"

无论我们给顾客讲我们的公司、产品有多好，服务有多棒，效果都不如顾客自己看到的、感受到的。要知道：相比自己所听到的，顾客更相信他所看到的。所以我们呈现给顾客的形象和印象就是最直观、最有效的。也因此，"让自己看起来像个好产品"显得格外重要。

如何让自己看起来像个"好产品"？

> 世界知名的汽车销售员乔·吉拉德说："**我卖的不是雪佛兰汽车，我卖的是我自己——乔·吉拉德。**"乔·吉拉德36岁进入汽车销售领域，在他15年的职业生涯中，总共卖出13001辆车，最多一天可以卖18辆汽车。他连续12年荣登《吉尼斯世界纪录大全》零售第一的宝座，平均一天卖出6辆汽车的纪录至今无人能破。

过去我跟乔·吉拉德有过五次同台演讲的机会，在他的身上，我真正感受到了世界顶尖销售人员那种富有生命力的状态，那种对产品、对舞台的热爱和狂喜；真正感受到"世界最伟大的推销员"的激情、热情和魅力所在。而乔·吉拉德的"我卖的是我自己"更是让我印象深刻。

卖产品不如"卖自己"。我们先把自己成功地销售出去，更容易让顾客接受我们的产品和服务。这就正如乔·吉拉德的销售"三步曲"。

第一步：成功地把自己"销售"给自己。 一个人唯有彻底地说服自己，才可以去说服顾客，才可以去说服任何人。

第二步：成功地把自己"销售"给顾客。 顾客接受了你，才有机会接受你所介绍的产品。

第三步：成功地把产品销售给顾客。

要想把自己销售出去，首先得让自己看起来像个"好产品"。结合我过去 20 年销售生涯的体验，我总结出了让自己看起来像个"好产品"的四大核心。

| 坚持：始终如一，做我所爱，爱我所做 |

假如有人今天卖白酒，明天卖白菜，后天又卖白萝卜，你愿意相信他，在他那儿买东西吗？多半不太相信。可是他去年向你卖酒，今年向你卖酒，明年还向你卖酒，五年后，他还在卖酒，你大概率会认为他值得信赖，因为他始终如一地做一件事。我见过有些人，今天做这个，明天做那个，后天又换一个，不断地换，完全是在消耗品牌，消耗资源，消耗能量。纵使短期内能靠"刷脸"拿到一些订单，可是长久不了。

· 肆 ·　让自己看起来像个"好产品"

前段时间，一个十五六年前的好友给我推荐了一个顾客。多年以前我们在一起做培训，不过现在他已经不做培训了，他看到我十几年如一日一直坚持在做培训，而他的朋友又正好需要培训，所以想到了我。这背后的逻辑就是：如果我没有坚持做培训，他就不会想到给我推荐顾客。

所以，我们如果能够一如既往地做一件事情，就会在无形中建立自己强大的品牌形象。请问一下你自己：今天你所从事的这份事业，你干了多少年？今天你所从事的这份事业是不是你要干一辈子的事？如果是，那我相信，只要坚持，成功对你而言只是时间早晚而已。所谓"一生一事"，就是一辈子专心专注把一件事情做好，做到极致。

发心：正念利他，一心成就更多的顾客

我今天做的事，就是想成就更多的人。赚不赚钱、赚多少钱并不是那么重要，对别人有用、有帮助最重要。如果你也能够做到这一点，你就会发现，顾客的眼睛是雪亮的，不以赚钱为目的，你反而可能赚到更多的钱。

以赚钱为目的只能赚小钱，以成就顾客为目的才能赚大钱。

最近我看了一些商业方面的书，对我启发很大——**所有伟大的企业，都有超越利润之上的追求**。不以赚钱为目的，成就往往会更大。

动机善，则事必成。不管你是一心想成就更多的顾客，还是总想卖产品给顾客，总想收顾客的钱，顾客都可以感觉到你的发心。如果你的发心是善的，是利他的，是利众的，那么我相信：成交是顺其自然的事情，成功也是顺其自然的事情。焦点利众，众人成全。

每一年我都会想一件事：新的一年，如何更好地成就员工，成就顾客，成就合作伙伴？我经常讲：你如果做梦都想着成就他人，你就会生出成就他人的方法，并最终成就自己。**愚昧的人总想通过牺牲别人来成就自己，智慧的人懂得通过成就别人来顺便成就自己**。只要你能够让跟随你的员工都越来越好，你的企业想不做大都难。试想：如果你的员工变得越来越好，你的事业何谈大业不成？如果使用你产品的顾客变得越来越好，你的产品何愁打不开销路？

精进：向上向善，让顾客感受到我鲜活的存在

要让顾客感觉你这个生命每天都在向上向善，说直白些就是你要学习，**用你成长的速度来震撼你所遇到的每一个人**！顾客这次看你是这样，下次看你好像有点改变，再次见到你时对

·肆· 让自己看起来像个"好产品"

你刮目相看,他就会为你的成长而买单。但是他这次看你不怎么样,下次看你也不怎么样,再下次看你还是不怎么样,你想要与他成交,就太难了。

当顾客感受到你鲜活的存在时,他会被你的成长震撼。**结果就是说服力**。你要想说服顾客,最直接、最有效的方法就是持续不断地创造更新、更好、更高的结果。只要你的结果越来越好,顾客就会为结果买单!

这些年,随着巨海越来越好,很多顾客都是被吸引而来的。

我们有个企业家学员叫安伟娇,她是巨海智慧书院的林春萍师兄介绍来巨海听课的。第一次听课,感觉很好,就报名了我们两万元的课程;第二次听课,觉得不错,又投资了我们7万多元的课程;第三次听课,觉得好像7万多元的课程不够消化了,就又投资了30万元。

她是多家医药公司的股东兼高管,管理着100多家药店,她觉得光自己学习不够,让团队来上课也不够,还要让合作伙伴走进巨海。所以早前,她在成都听"商业真经"时带了60个人来;两年前我在重庆开讲"商业真经",她又带了120个人来。又因为30万元的课程已经消化得差不多,现场投资了更高端的课程。

在重庆上课的第三天,她找到我说:"成杰老师,你建101所希望小学这个梦想太伟大了,我们每年也在做类似的事,而且我也想建希望小学!"于是在巨海12周年庆典上,她为我们基金会捐款101万元,建了一所希望小学。

这个案例揭示了两点:第一,她看到巨海在改变,巨海越来越好;第二,她每次都会有更大的收获和受益。所以"结果就是说服力"有两个维度。**第一,你创造的结果越来越好**。每次顾客见到你,都觉得你这家公司越来越好,他就被你说服了。**第二,顾客使用你产品后的结果越来越好**。顾客用了你的产品,身体变得更好,皮肤变得更好,心情变得更好,能量变得更强,智慧变得更多……

普通的销售人员总想拼命找顾客成交,销售高手则懂得提升自身价值,创造内在核心竞争力去吸引顾客。高手懂得潜下心来修炼内功。如果没有持续提升内核,努力就是无效的。20年前,我在工厂上班,从早上8点干到晚上10点、11点,即使是加班加点,一个月工资就五六百块钱。作为流水线工人的我不是不努力,我够努力,但没有得到理想的结果。为什么?因为自身价值不够。所以,要想成功,努力固然重要,但更关键的是要有价值。**没有价值的时候,努力难有成果;当价值到位的时候,稍加努力就会事半功倍**。

今天我们学习、成长、精进,就是在修炼内功。"磨刀不误砍柴工",销售高手不会盲目去找顾客、去销售,他们懂得不断让自己成长。比如我不怎么插手公司具体性的管理工作,主要聚焦公司战略,我要让更多的时间属于我自己,我要更加潜心地去修炼内功。因为我知道对我来说什么更具有价值。

圈子:圈子决定命运,持续向高能量的人靠近

人是环境的产物。多结交高端的人脉,向成功人士靠近,很多时候成功会顺其自然地发生。

取众人之长,才能长于众人。问自己:我要成为什么样的人?你想成为什么样的人,就要学会向什么样的人靠近。如果你想成为销售高手,你就要跟冠军在一起!

记得2003年我刚开始进入教育培训行业,刚开始做销售的时候,我做的第一个动作就是问:"谁是上个月的销售冠军?"知道谁是上个月的销售冠军后,我就去请冠军吃饭。**我请冠军吃饭,但我吃的不是饭,而是智慧,是冠军的秘诀。**

如果你想成为一个富有的人,你就要向富有的人靠近;如果你想成为一个智慧的人,你就要向有智慧的人靠近……当你向你想成为的人靠近的时候,你会学到他的一些特质,帮助你获得成功,最终你或许就真的成为他那样的人了。如果你身边的朋友都很厉害,我相信,你也不差,而且传递给顾客的印象

也是很厉害的。持续向高能量的人靠近,你的能量就会变得越来越强。

　　只要做到上述四点,你就能越来越像个"好产品",你的产品自然也会狂销热卖。**产品只是媒介,根本在于人。人好了,产品和服务就好了;人对了,产品和服务就对了。**

· 肆 ·　让自己看起来像个"好产品"

> **要点回顾**
>
> **让自己看起来像个"好产品"**
>
> 1. 坚持：始终如一，做我所爱，爱我所做。
>
> 2. 发心：正念利他，一心成就更多的顾客。
>
> 3. 精进：向上向善，让顾客感受到我鲜活的存在。
>
> 4. 圈子：圈子决定命运，持续向高能量的人靠近。
>
> **乔·吉拉德销售"三步曲"**
>
> 1. 成功地把自己"销售"给自己。
>
> 2. 成功地把自己"销售"给顾客。
>
> 3. 成功地把产品销售给顾客。

卖产品不如"卖自己"。

愚昧的人总想通过牺牲别人来成就自己，
智慧的人懂得通过成就别人来顺便成就自己。

用你成长的速度来震撼你所遇到的每一个人！

结果就是说服力。

人好了，产品和服务就好了；
人对了，产品和服务就对了。

实操方案

初次拜访开场白参考逻辑

1. 正确称呼。

称呼需带有顾客姓名、顾客相对青睐的头衔。

2. 自我介绍。

注：初次见面，应准备个人名片。

（1）姓名（全名）。

（2）公司（名称、规模、行业地位）。

（3）工作经历、与顾客有关的专业能力。

（4）过去与顾客的交集（过去听过顾客的分享、有共同认识的朋友等）。

3. 真诚感谢。

对于顾客在百忙之中安排这次见面表达感谢。

4. 寒暄暖场。

注：把握闲聊分寸，尽早切入主题。

（1）根据前期的初步了解，选择顾客易讨论或有兴趣的话题切入。

（2）对现场观察所见的细节适当赞美，从而切入。

5. 拜访缘由。

（1）顾客的问题、困惑、需求和向往。

（2）行业内同行动态的差异化说明。

· 肆 · 让自己看起来像个"好产品"

（3）顾客熟人的直接推荐。

（4）向顾客讨教等。

6. 问题收尾。

以问题结束这段开场白，让顾客多说。

请记住，顾客永远不会给我们第二次机会来建立第一印象。

制订个人成长计划表

个人年度成长计划表 ___年___月___日				
	工作	学习	生活
重要 ↓ 次重要			

注：月度、年度成长计划表设计同理。

伍

让自己更"值钱"

The Art of Deal
成交的艺术

·伍· 让自己更"值钱"

一个自己都没有什么价值的人,凭什么赚钱?

要想获得好结果,要想成交,首先要让自己变得更"值钱"。

| 我是我人生的CEO |

你是打工者,要通过打工一年赚 1000 万元可以说很难做到。说实在的,**把工打明白的人,创业才可能会成功**。要把工打明白,你得先学会做自己人生的CEO。

善于思考和反省

问自己:我有像老板一样工作吗?

我经常讲"认真、用心、努力、负责任",人把这几个字做好,更容易成功。为什么这九个字是"做更好的自己·从优秀到卓越的十项精进"的第一项精进?因为这是根基。

问自己:我有像老板一样努力吗?

今天我的努力程度依然不亚于我当年入行和创业之初。我并没有因为自己有点作为、有点成就,就不努力。其实按目前的情况，我不用努力和工作也能过得很好，但我依然这么努力，不是为了赚钱，而是为了一份责任和使命。如果仅仅为自己，我大可以不用这样拼。每个有了点结果还不"上岸"的老板，他努力往往是为了让更多的人像他一样能"上岸"。

我在内部培训时候还跟员工讲过："我既不要交房租也不要还房贷，不需要为钱工作，不需要为生计担忧，我都这么努力。而你们多数人还要交房租、还房贷，你们为什么不努力？你们有什么不努力的资本？有什么不努力的理由？"

问自己：我有像老板一样使自己成长吗？

具体一点，你在持续不断地拉升自己的认知、拓宽自己的视野、提升自己的境界吗？一个人之所以能赚到钱，是因为他一直在做让自己值钱的事，在让自己持续成长。

以上三点，如果你没有做到，即使你现在是老板，你的生意也很难持久。千万别觉得自己在老板的位置上就很好了。我经常对我公司的高管讲，谁有能力谁就来坐我的位置，我不需要这个位置，我要的是不断提升自我价值，要的是有能力把公司带到更高位置的人，要的是比我更厉害的、能够让更多巨海人过得更好、更幸福的人。我觉得我能力有限，所以我现在必须努力，提升自己，吸引人才，拼命地带着大家往前跑。

我还经常问自己这样两个问题。

第一，假如我是老板，我会录用我自己吗？

用老板的眼光来审视一下自己，假如你是老板，你会录用

·伍· 让自己更"值钱"

你自己吗？如果你都不愿录用你自己，你怎么会有未来？"我做事不用心的时候，连我都看不起我自己。"这是刘德华成功的关键。当你做事不用心的时候，你会看得起你自己吗？连你都看不起你自己，谁会看得起你？

第二，假如我是老板，我对自己每天所做的工作满意吗？

人生最重要的目标不是十年目标，不是五年目标，也不是三年、一年目标，而是每一天的目标。把达成每一天的目标变成一种习惯，你的人生自然就会成功。

人生最重要的工作是哪一天的工作？答案也是每一天。今天一天过完，你躺在床上，睡觉前问一问自己，对今天所做的工作满意吗？如果你对每一天都满意，对你的人生怎么会不满意呢？生命，就是每一天的叠加。

承担才会成长

为什么说"我是我人生的CEO"？在阿里巴巴，大家习惯将带头人的位置称为"一号位"，我在工作中悟到：**人只有把自己放在"一号位"，才能够得到显著的成长**。俗话说，"养儿才知父母恩""当家才知柴米油盐贵"，就是说你要去操那个心，才会成长。什么叫"一号位"？其实就是第一责任人。人把自己放在第一责任人的位置上，就容易成长。

巨海商学运营总监周辉之前是我的助理，被我"赶鸭子上架"去做巨海商学平台。他原本不懂这个领域，被赋予这份责任后，一切从零开始，在工作中努力精进。如今，他已经成长为巨海商学独当一面的干将了。

我希望每个人能深刻理解这句话：**信任就是责任，承担才会成长**。一路走来，回想过去，我曾面对四五千人发表公众演说，也遇到台下只有一个听众的时候。哪怕只有一个听众、一个顾客，我依然会全力以赴。担心那个顾客有想法，我还让员工脱下工作服假扮顾客，陪顾客一起听。三个半小时的课程，我一个人讲，怕顾客中场走了，我都不敢休息。演讲之后成交，口碑传出去也特别有意思——成杰老师的成交率特别高，"百分百成交"！因为只来了一个人。

很多人问我：为什么只有一个人你还有这么好的状态？因为我是业务员出身，我知道约一个顾客有多么不容易。约来一个顾客可能要半年、一年甚至两三年，早年还流行发传真、打电话，要发多少传真、打多少电话才能把这个顾客约过来？我不允许自己因为人少就讲得不好，不允许因为我讲不好而不能成交。我不能让相信我并把顾客约来的伙伴对我失望。我就是这么成长起来的，这也是为什么我能有今天。

那个阶段，我发现有大量针对企业做管理做培训的人讲课，讲得很好，但最后都没结果，成交量不行。为什么不行？

·伍· 让自己更"值钱"

他们觉得成交无所谓，多成交就多点讲师费，少成交就少点讲师费。但我不一样，我要为约到顾客的伙伴负责。所以，何谓承担才会成长？**当我懂得去为更多人担当的时候，我就成长了。**

带团队一定要让团队成员有钱赚、有提升、有未来

看一个人带团队的能力，有时候就像看车技。路况好，体现不出水平；路况不好，才能彰显车技。一个人带团队带得一塌糊涂都无所谓，那怎么会被人追随呢？团队领导人一定要具备三大担当：**第一，要让团队有钱赚；第二，要让团队能力有提升；第三，要让团队有希望和未来。**

多年以前我在南京带团队，无底薪，甚至宣传资料的复印费、联系客户的电话费等，都是自理的。公司只说一句话：我给你提供一个平台，你是来创业的。所以那时候带团队，我特别珍惜我的团队成员，只要招到人就掏心掏肺地对他，想方设法就为了把他留下。我把团队人员的名字用一张A4纸打印出来贴在床头，自己每天晚上复盘的时候看一看。我第一次带的团队成员的名字，我依然记得。我每天看着这份名单就想几个问题：他们手上有哪几个准顾客需要我？他们手

上有哪几个大单需要我去协助？我怎么做才能帮助他们提升能力，帮助他们赚到钱，帮助他们有更好的发展，让他们心甘情愿地留下？每个月我都请他们吃三四次饭，到后面他们甚至觉得不出单还吃我的饭就丢人。当然，后来我也明白了一个道理：请吃饭不是长久之计。偶尔请可以，但他们要是赚不到钱，你天天请他们吃肉也没用！他们来这里不是为了吃饭，是为了赚到钱。所以带团队，一定要让团队成员有钱赚、有提升、有希望、有未来。

如果让你带团队，你能不能让团队成员人数越来越多，让团队业绩越来越好，让团队成为第一名的团队？带团队要学会对标优秀团队。除了对标公司顶尖团队，还要对标行业的第一名——最大的团队是哪个？有多少人？总营业额多少？一年人效多少？

除了对标优秀团队、提升自己之外，你在面对顾客时也要学会用数据、用成绩说话："在我的团队，年薪过50万元的人有……个，过100万元的人……个，我培养了……个经理干部，……"你把这些数据摆出来，产品、公司都不用讲太多，顾客往往就会买单。因为**顾客都希望厉害的人来为他服务。**你不行，顾客自然看不上你。**只有以最高的标准要求自己，才有可能出现最好的结果。**

成就的三个维次

承担才会成长，如何承担？首先要学习，不会就学。**一个人对待学习的态度，将决定他成长的速度；一个人承担责任的大小，将决定他成就的大小**。没有承担，何来成长？何来成功和成就？**你愿意为多少人负责，就会有多少人拥护你走向成功**。因为你的成功跟别人的成功息息相关，相辅相成。

我构建了一个人的"成就的三个维次"循环图（见图5-1），便于你更好地认知：承担责任—获得成长—拥有机会。一个人为什么会有成就？因为他懂得承担责任，承担责任的过程中，他就可以获得成长。人什么时候成长最快？懂得担当的时候。一个人获得成长，往往就可以拥有更大的机会。把握了更大的机会，往往就可以承担更大的责任；承担了更大责任，往往就可以获得更大的成长……这种循环上升最终铸就其人生成就。

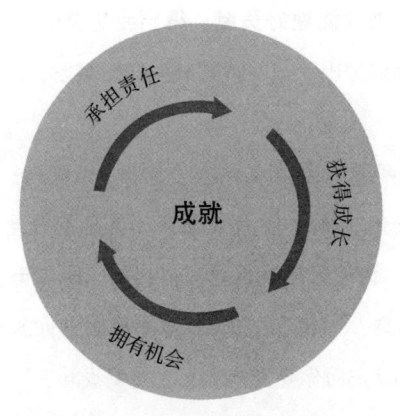

图 5-1 成就的三个维次

寻找人生的使命感

快速成长的三大动力

人生要获得快速成长有三大动力:第一是热爱,第二是责任,第三就是使命。一个有使命感的生命,是这个世上最伟大的生命。你一定要找到你人生的使命!当你找到你人生的使命的时候,你的生命就会活成一束光。

寻找人生使命的三步骤

怎样寻找自己的人生使命?这里分享寻找人生使命的三步骤。
(1)我是谁?
(2)我想得到什么?
(3)怎么做才能做好贡献,得到我想要的?比如,我想赚更多的钱,我要付出什么?我想成为亿万富翁,该如何贡献?

> 有个年轻人问管理学大师彼得·德鲁克:"德鲁克先生,我怎样做才能更成功?"德鲁克先生回答说:"年轻人,你的问题有问题。"年轻人说:"为什么我的问题有问题?"德鲁克说:"你不应该说你怎样做才能更成功,应该问你要贡献什么才能更成功?"

·伍· 让自己更"值钱"

是的,这个年轻人要更成功没错,但有一个前提——他应该先做出贡献。

用投入培养使命感

人生要学会用投入培养使命感。如何做?问自己四个问题。

(1)**我是谁**?依然是问"我是谁",不断问自己"我是谁"。

(2)**我想要什么**?

(3)**为了实现我想要的,我要做到什么**?比如之前我们公司有一名员工想成为讲师,那么他需要做到什么?先演讲101天。在那个时候,每天早晨早点去公司,都能看到他在大厅里演讲。

(4)**做到之后,我可以感受到哪些成就或意义**?比如,我要成为一个拥有巨大使命感、巨大影响力的人,那我就要想,我成为这样的人之后会有什么样的成就、什么样的意义。当我想到建101所希望小学,在这个过程中可以帮助更多的孩子,成就更多孩子的梦想,这是一件多么有意义、多么美好的事情,我就会更有建希望小学的动力。

你一定要去寻找你的使命感,寻找你存在的价值和意义!找到了存在的价值和意义,你的动力就会完全不一样。为什么有人说自己动力不够?就是缺少存在的价值感和意义感。"生命的意义和价值在于被需要。"这是我当年在新疆天山进行慈善演讲时的一个感悟。当有更多人需要你时，你的家人需要你，你的亲戚朋友需要你，你的合作伙伴需要你，你的顾客需要你……你的人生不是就更有意义了？所以你一定要持续找到那种被需要的价值感和意义感。

十年战略看人生

一个人要学会站在十年后来看当下，要以战略的眼光来规划未来，持续提升个人核心竞争力。如果你总是盯着当下，眼中只有钱，那你很难会有大成就。**人们往往高估自己一年可以做到的事情，却往往低估自己十年可以完成的梦想**。有的人每年年初给自己设定一个目标，到年底复盘时发现总是差一点才能达到，今年差一点，明年差一点，后年还是差一点，就放弃了。但如果他能把后年的结果与今年的初始状态相比较，或许会发现自己已经有了很大进步。这说明，把时间维度拉长，肯在对的方向上坚持下去，未来就会有希望。

用三个问题找到发展方向

要用战略的眼光规划未来，你可以问自己三个问题。
一问：我是否有十年磨一剑的决心？
如果你没有十年磨一剑的决心，这辈子要想有大的作为和

伍 让自己更"值钱"

成就太难了。十年看起来很长,但过起来很快。很多年前,我有个亲戚讲过一句话,让我有很深的感悟。那时我说:"这两年时间过得太快了。"他说:"没过的时间都很慢,过了的时间都快。"所以,不要感叹一辈子太长,而要确定你是否有一辈子把一招练到极致的决心。

二问:我要在哪里磨剑?

你如果能花五年时间去研究一个行业,聚焦、深耕一个专业,专注你所爱的事业,那么你想不成功都难。

我讲过一个做业务的例子,听起来不难,做起来也不难,但不做就会觉得它很难——

你如果坚持每周拜访1个顾客,1个月拜访4个顾客,1年就差不多拜访50个顾客,坚持3年,你就到过了150家企业,认识了150个老板,你会看到150家不同企业的不同情况。持续在同一个地方深挖,你就会有非常深厚的积累,这些将会是你获得成功的资本。甚至这150个人中有10%~20%的人会成为你的好朋友,也就是有15~30个老板会成为你的至交,丰富你的资源。

> 统帅装饰的杨海董事长在2007年第一次听我讲课,课后他报名了后续课程,与我深入交流,最终我们成为朋友。当时我有一个很细小的特质打动了他,他说:"成杰老师,你做事的品质非常值得敬佩。"这奠定了我们十多年友情的基础。

所以，不是说你今天很成功、成就和地位很高，别人就一定愿意跟你成为朋友；也不是说你只是一个员工，他是老板，他就不跟你做朋友。你做事情认真、用心，别人才会喜欢跟你交朋友，同你当下成不成功、在什么段位、有多大的成就并没有太大关系。大多的成功人士都明白：他自己也是从一无所有走过来的，当他在你身上看到了他曾经努力、奋斗、用心的样子，他往往会愿意帮助你。

三问：我热爱、擅长并有机会去做的事情是什么？

找到了要磨剑的领域，你就要看在这个领域自己到底可以磨哪把剑。作为公司的经营者和首席讲师，我需要在多门课程上有所突破。要讲好一门课已属不易，而需要讲好的课程何止一门，背后要下多大的功夫可想而知。我现在背了好多把剑，都是一把一把地练到极致的，这门课讲好了，再去钻研下一门课。所以，一口吃不成胖子，你也要先集中精力练一把剑，也就是先努力把一件事情做到极致。在你擅长的领域内把一件事做到最好，大家就更容易看到你的能力。接着，你再去做下一件事，把你的核心优势发挥到极致。

借事练人，借事练心

巨海征程已十余载，我渴望着让更多的人因为巨海这个平台变得更加有荣耀，更加成功。而如何让个体变得更好？我常对巨海人说八个字：**借事练人，借事练心**。做事让我们的能力

·伍· 让自己更"值钱"

变得更强，人格变得更加完善，心智、心胸、心灵变得更加美好。我们不仅仅要做事，把事情做好只是第一步，通过做事让自己成为独立自主、独当一面的人，才是最终目的。如果你能够通过做事把自己练出来，你的成长收获将远远大于你的有形收入。就像李玉琦老师在巨海由一个基层员工打拼到如今的执行总裁，他固然收获了高年薪，但多少金钱都是有限的，更重要的在于：他有机会在这样一家公司当执行总裁，接受"狂风暴雨"的洗礼，这种成长收获不是每个人都有的。

很多年前，我听曾仕强老先生讲胡雪岩的故事，有两个地方让我印象深刻。

第一是"**德行定终生**"。胡雪岩是个放牛娃的时候，捡到一大袋钱，后来有人找来，问他有没有看到一袋钱。胡雪岩为了保护那袋钱，把钱藏起来了，问那个人钱袋长什么样、里面有多少钱，核对无误后才把钱拿出来，物归原主。胡雪岩那时只是一个十几岁的孩子，却对不义之财毫不心动。后来他能在商场上取得巨大成功，与他的德行是大有关系的。

第二是"**人生给你做事的机会，远远比给你钱更重要**"。那个人拿出很多钱感谢胡雪岩，胡雪岩都不要。那个人问他想要什么，他就请对方带他去杭州，让他干什么都行。后来才知道那个人是一个钱庄的大老板，他把胡雪岩带走了，教胡雪岩跑业务、谈生意。所以，人生中给你做事机会的人，才是你生命中的贵人。不是说做事能让你赚多少钱，而是你能通过做事，在事上经历，在事上修炼，在事上完善，在事上升华。

请你一定要懂得：不要只想着自己今天工作赚多少钱，今年做业务要赚多少钱，更要学会把自己打造得更值钱！

能力提升一分，收入裂变N倍

能力源自需求

能力因为需要而形成，能力因为需要而显现。我并不是一开始就会演讲，就会演讲式销售的。我以前是一个比较内向、自卑的人，为了突破自己，我选择做销售，不敢讲也要讲。因为梦想需要，因为理想中的自己需要，因为这个工作岗位需要，演讲能力慢慢就得以练就和显现了。

我学历不高，但是我知道：多一个技能，未来就可以更好地立足于社会。我今天所学的一切，未来有一天一定有用得上的地方。

不要想你现在在什么岗位，要知道：你未来的人生很可能不是现在的样子，你要用发展的眼光来看现在，**用未来自己理想的模样来要求当下的自己做人和做事**。要成为一个成功的人，就要用成功的人的标准来要求自己。

·伍· 让自己更"值钱"

能力源自实干

能力是从做事中锻炼出来的。一个人实践越多,能力就越容易得到增强。什么事都不做,什么事都偷奸耍滑,什么事都推给别人的人,能力难有提升。做的事情越多,经历越多,有可能犯的错误会越多,甚至受的批评也会越多,但是犯的错误、经受过的批评和教育,会让人得以锻炼,得以成长。人生不是有机会才有能力,而是有能力才有机会。一个什么事都不做的人,当然不会做错事,但也很难获得成长的机会。

如何发掘自己的能力

问自己:为了成为理想的模样,我需要具备什么样的能力?

问自己:为了提升自己做这份事业的专业能力,我采取了哪些措施和方法?

问自己:为了适应未来十年的发展,我需要提升的能力是什么?

比如要把巨海在新的十年做大做强,不只是会经营、会管理、会演讲、会努力、会销售就行了,我还必须具备战略思维、战略能力。这几年我开始关注、研究和学习资本运作,研究金融,因为我希望巨海未来成为一家更值钱的公司、更伟大的公司。

人生没有白走的路,每一段路都有不一样的风景;人生没有白读的书,每一次阅读都会为你的将来打下基础。一定记住这四个字:面向未来。你的专业构建力、乐观力、目标发现力、持续学习力、人际开拓力、亲和力、反应力、语境理解力、委任力、谈判力、复制力、协调力等，都是基本的工作能力，你对这些能力的培养都要面向未来，战略思维要面向未来，职业规划也要面向未来。

不断提升自己创造价值的能力

一个人外在的成功和成就是内在成长和成熟的显现。我们说，"能力提升一分，收入发生N倍裂变"，就是你不要只想着增加收入，而要在能力上下功夫。要明白：**能力是因，收入是果。因（能力）上努力，果（收入）上随缘。**你不仅要努力，更要在核心中努力，让努力更有价值。成长就是让自己更有价值。你不成长，何来价值？

以前我在工厂上班，一天工作十几个小时，一个月的工资是五六百块。如今的我，讲一个小时课的收入比我那时候一年甚至十年收入的总和还要多。过去我做流水线工人很辛苦，现在虽然我四处出差、准备讲课也很辛苦，但再苦、再累都有掌声、有鲜花的陪伴。这就是我努力提升自己价值的回报。为什么我今天的努力是过去价值的十倍、百倍？因为我的价值创造能力在提升。

| **价值决定收入，创造决定未来** |

提升自己的价值创造能力关键有两点：第一，你要让自己

·伍· 让自己更"值钱"

有价值，有价值才有收入；第二，你要不断地创造，不能等。守株待兔没有用，成功要主动出击，做销售一定要有拉新、创新能力。你有拉新能力，能够保持一天加十个人的微信，一年就能加三四千人的微信，这三四千人里总会有向你买单的顾客。我讲课，一天的最高纪录是讲七场，怎么做到的？其实就是不断地讲，就讲出来了。坚持去做，就容易成。

我们**一定要训练自己持续拉新、拓新、创造价值的能力**。要把拉新、拓新、创新变成每天的必修课，推动自己离成功更近一步。坚持每天加十个顾客的微信，每天拜访两个有品质的顾客，你看一年下来业绩会怎么样？很多时候，没有结果、不成功，只有一个原因——你不愿意去做这些基本功，不愿意把基本动作持续做下去。**成功离不开持续做好基本动作**。

以前我每年都要求自己至少上门服务 50 个顾客，现在创新了方式，除了上门服务，还可以约他们到公司来为他们服务，还可以提供线上服务。现在估计我一年至少服务 200 个顾客，我的价值不是就变大了吗？

| 做卓有成效的管理者 |

优秀的管理者管理他人，卓越的管理者引领自己。伟大的人都是自我引领的高手，能够把别人管好的人只是优秀的，把自己引领好的人才是卓越的。人要学会先做好自己，再成就别人。一个人不能促使自己变好,又怎么去成就别人呢?

小成功靠自己,大成就靠团队。要成为一个有价值的人,一定要能发展团队、带好团队。只做执行者,人生成就是有限的。伟大的企业家,都是卓有成效的管理者。

要成为卓有成效的管理者,需要做好以下七大管理。

管理自己的时间

你能不能让自己每分每秒都做最有生产力的事?能不能让自己每一天都富有成效?

管理自己的精力

你应该把时间和精力投资在跟你的成长、你的工作息息相关的事上。你花出去的时间要帮你赚更多的钱,要让你变得更值钱,这才有意义。适当消遣并非不可以,但是要有度,不能没完没了。

管理自己的注意力

你要专注于自己想要的,而非不要的。你的注意力、你的能量会被一些与你的目标无关的东西吞噬。玩太多游戏,刷太多视频,会消耗你的能量,影响你的心神。

伍　让自己更"值钱"

管理自己的成长计划

如果不管理好自己的成长计划,你的人生就很难有好的未来。因为成功需要目标,成长需要计划。

管理自己的核心优势

你能不能把自己的核心优势做足、强化、提升、发挥、用好?巨海已经有了"演说智慧"这样的高端课程,但我又开设了"商界演说家"课程去服务更多渴望提升演说能力的顾客,为什么?就是要帮更多人将"演说"这个核心优势发挥出来。

管理自己的价值创造

当你收入不够的时候,你最好问自己:我创造的价值够不够大?

管理自己的人生蓝图

你每一天的学习、成长、努力,让你离你要成为的那个人越来越近。管理就是有效地计划,计划让你无限趋近于成功。

当你把以上七大管理都做好，我相信：你离成功就会越来越近。

不是说每个人的人生都要轰轰烈烈，但我们要对得起自己，不白来这个世间走一遭。我觉得我的人生是真正的富有，因为我推动了无数巨海人、无数顾客朋友走进巨海这个平台学习、成长，让他们自己，以及他们的家庭、从事的工作甚至所处的行业都变得更好。

希望你每天都做好向上攀登的准备，创造出人生的价值，让自己成为一个真正"值钱"的人，这样才会有人持续为你买单，你的人生也会无限精彩。

·伍· 让自己更"值钱"

> **要点回顾**
>
> 让自己更"值钱"
> 1. 我是我人生的CEO。
> 2. 寻找人生的使命感。
> 3. 十年战略看人生。
> 4. 能力提升一分,收入裂变N倍。
> 5. 价值决定收入,创造决定未来。
> 6. 做卓有成效的管理者。

人只有把自己放在"一号位",才更能够得到显著的成长。

信任就是责任,承担才会成长。

顾客都希望厉害的人来为他服务。

只有以最高的标准要求自己,才有可能出现最好的结果。

一个人对待学习的态度,将决定他成长的速度;
一个人承担责任的大小,将决定他成就的大小。

人们往往高估自己一年可以做到的事情,却往往低估自己十年可以完成的梦想。

能力因为需要而形成，
能力会因为需要而显现。
能力是从做事中锻炼出来的。

一个人外在的成功和成就是内在成长和成熟的显现。

能力是因，收入是果。
因上努力，果上随缘。

优秀的管理者管理他人，
卓越的管理者引领自己。

·伍· 让自己更"值钱"

实操方案

深度研究一个行业的三个步骤

1. 如何研究行业？

关注	圈子	对标
行业资讯	进入圈层	行业顶尖

2. 对行业进行具体分析。

宏观政策	市场分布	行业特点	行业故事	行业动态

3. 研究行业中的标杆企业。

企业名称	创始人、创始团队	企业发展史	行业规模

企业文化	商业模式	核心产品	核心竞争力

人生复盘

1. 将过往人生划分成几个阶段。

2. 回想每个阶段三件重要的事。

3. 记录每件事的时间、地点、人物及自己和别人对这件事的感受。

4. 总结自己受到了哪些影响和冲击,从而逐步成为现在的样子。

5. 评价自己对每件事的投入程度、热情状态,以及价值创造。

·伍· 让自己更"值钱"

人生阶段一	事件一	时间	
		地点	
		人物	
		当时我的感受	
		当时别人的感受	
		总结我受到的影响	
		对这件事中的"我"作评价	
	事件二	时间	
		地点	
		人物	
		当时我的感受	
		当时别人的感受	
		总结我受到的影响	
		对这件事中的"我"作评价	
	事件三	时间	
		地点	
		人物	
		当时我的感受	
		当时别人的感受	
		总结我受到的影响	
		对这件事中的"我"作评价	
	……	……	

·陆·
建立信赖感

The Art of Deal
成交的艺术

·陆· 建立信赖感

要想让顾客选择你，一定要做到让顾客相信你、喜欢你，所以"建立信赖感"就显得格外重要。我发现一个规律：**销售过程的98%都在建立信赖感，2%在做成交**。所谓的"2%在做成交"，其实就是临门一脚。只有顾客喜欢你、相信你，成交才会顺其自然地发生。那么如何建立信赖感呢？本章将分享九个关键点。

| 倾听，问很好的问题 |

要想建立信赖感，一定要学会倾听。如果你不能与顾客成交，或许是因为你对他还不够了解。只有充分认识人、了解人，才能"无所不能"。只有彻底了解顾客的背景、问题、困惑、需求和向往，才能够更好地为顾客提供产品和解决方案。而了解顾客最有效的方式就是：倾听，问很好的问题。在顾客面前要**多听，少说；多问，少讲**。通过听，了解顾客的背景；通过问，问出顾客的问题、困惑、需求和向往，这样才能够"对症下药"。

真诚地赞美顾客，肯定顾客

赞美顾客一定要真诚，不要刻意。人性中最基础的需求就是被尊重、被肯定、被认同、被赞美。不管一个人有多成功、多强大，他还是希望被赞美。你发自内心地表扬他，他就很开心。

持续地认同顾客

认同顾客，就是用欣赏的眼光去发现顾客的好，并将顾客的好放大。巨海的许多VIP顾客，我都会看到他们的好，并把他们的好放大。

模仿顾客，与顾客同频

具体而言，就是跟顾客讲话语言同频、语速同频、效率同频。

人通常会喜欢两种人：第一，自己崇拜的人；第二，和自己相似的人。你很难快速地成为顾客崇拜的人，但你可以成为和顾客相似的人。为什么要酌情模仿顾客？就是要提高你跟顾客的相似程度。顾客一看：咱俩来自一个地方，咱俩有共同的爱好，咱俩做事的风格差不多……同频，就容易产生亲

·陆· 建立信赖感

近感。如果你凡事都不和顾客在一个频道上，那他就很难认同你。比如：顾客讲话速度很快，你讲话很慢，他可能会认为你效率低；如果顾客讲话速度很慢，你讲话速度很快，他可能会觉得你不稳重。顾客对你有了这样的印象，又怎么会相信你呢？

同道者同缘。何谓同道？就是你能快速跟顾客进入同一轨道。比兴趣爱好还高一个层次的，就是有共同的使命、追求、担当。比如我们都想造福人，我们都想让这个世界变得更加美好……这就叫追求，这就叫担当。

我们巨海除了捐建希望小学，还于 2017 年发起过"同在蓝天下，共筑励志梦"的助学活动；2020 年我个人也对这个活动再次捐款 101 万元。我非常深刻地感受到：当我有担当的时候，我就会吸引更多有担当的人。当我们的生命处在爱与贡献中时，灵性就会得到发挥，智慧就会得以显现。当我们成为懂得爱与贡献的人时，我们也会吸引、收获更多相似的顾客。

| 熟悉产品的专业知识 |

顾客相信专家，顾客信赖权威。当你拥有非常扎实的专业知识，当你在行业中有权威、有影响力的时候，成交往往会变得顺其自然。

比如，如果你有法律方面的问题，你大概率不会仅仅靠自己研究相关的书籍去求解，而会找法律顾问。再比如，面对消费选择的时候，人们往往会更愿意选择营养搭配师，而不是保健品推销员；更愿意相信皮肤管理专家，而不是美容导购；更愿意相信形体管理专家，而不是健身卡推销员；更愿意相信学习顾问，而不是课程销售……不难看出：如果你成为专家，成为权威，顾客对你的信赖感会加强，你的成交量也会大幅度提升。

所以，你一定要持续提升自己的专业知识，有效建立自己的专业权威。

为成功而穿着，为胜利而打扮

要想成功，首先就要让自己看起来像成功者。常言道"人靠衣装，佛靠金装"，良好的职业形象、专业形象是你销售的敲门砖。

彻底地了解顾客的背景

2005年，我在南京开发了一个顾客。去拜访这个顾客之前，我把网上几乎所有与他相关的信息都查了

·陆· 建立信赖感

一遍，那是那个时候唯一能对他有所了解的方式。后来跟他聊天时，我说："马总，你们太有爱心了。去年你们资助了50个贫困大学生。"他很诧异地看着我，问："你怎么知道我们去年资助50个贫困大学生？"我没有直接回答，而是说："像你这么成功、有爱心、懂担当的企业家，真是值得敬佩！"他就感觉不一样了。

如果你不对顾客做有深度、系统性的了解，成交怎么会不难呢？

大量使用顾客见证、媒体见证

为什么要运用顾客见证？因为顾客和顾客是同一立场，顾客更容易相信顾客。你要跟顾客建立信赖感，千万不要一味说自己有多好，而要说你的顾客使用了产品与服务之后有多好。

销售高手都是懂得讲顾客故事的人。你要学会给顾客讲顾客的故事。

我在南京做销售的时候，买了一部相机，见顾客我就拍张合影。我准备了一个相册，把跟重要顾客的合影冲洗出来放在相册里。见到新的顾客，我就会给他翻相册，呈现照片，讲述故事。

相比自己所听到的，顾客更相信他所看到的。如今我们除了照片，还有直播、短视频这么多的工具，更要善于去运用它们。

媒体见证也有很大的作用。我做《商界时尚》封面人物，就是让专业媒体给我做背书；接受中央电视台的访谈，就是让权威媒体为我做见证。

在对的时间、对的空间，和对的人做对的事

人不对不出手，时机不对不出手，环境不对不出手。在对的时间、对的空间，和对的人做对的事，成交就是水到渠成的事情。

·陆· 建立信赖感

要点回顾

让顾客喜欢你、相信你

1. 倾听,问很好的问题。

2. 真诚地赞美顾客,肯定顾客。

3. 持续地认同顾客。

4. 模仿顾客,与顾客同频。

5. 熟悉产品的专业知识。

6. 为成功而穿着,为胜利而打扮。

7. 彻底地了解顾客的背景。

8. 大量使用顾客见证、媒体见证。

9. 在对的时间、对的空间,和对的人做对的事。

销售过程的 98% 都在建立信赖感,2% 在做成交。

多听,少说;多问,少讲。

用欣赏的眼光去发现顾客的好,并将顾客的好放大。

同道者同缘。

顾客相信专家,顾客信赖权威。

实操方案

销售中常见的问题类型

1. 探索型提问。

获取基础背景资料。

2. 问题型提问。

引导客户揭示其问题、需求、困惑和向往。

3. 价值型提问。

把好处说够：了解客户对解决问题后所能获得的回报、利益的看法。

4. 后果型提问。

把痛苦说透：提醒对方问题导致的严重后果。

5. 确认型提问。

明确交易明细，最终达成共识。

有效倾听的六项基本技巧

1. 耐心倾听，保持空杯心态。

2. 用积极的肢体语言回应。

如：眼神交流、点头、微笑、身体微微前倾……

3. 用鼓励性语言回应。

如：我理解、后来呢……

4. 适当时候简要复述对方的部分讲话。

5. 有分寸地做笔记。

6. 用恰到好处的沉默促进对方思考。

·陆· 建立信赖感

信赖感源于充分的了解

1. 让顾客走近我们。

2. 让顾客认识我们。

3. 让顾客了解我们。

4. 让顾客爱上我们。

5. 让顾客追随我们。

案例

全员头脑风暴"与顾客建立信任有哪些有效方式"

1. 每月定时举办"顾客开放日""顾客服务日"。

2. 每月启动大会、表彰大会邀请顾客观摩。

3. 为潜在顾客设置一堂专属课程(如"创业真经")。

柒

让顾客主动购买

The Art of Deal
成交的艺术

·柒· 让顾客主动购买

如何推动顾客主动购买？这听起来有点不可思议。毕竟在大多数人的认知中，销售人员是需要主动出击的一方。

我有个学员叫杨磊，因为看到身边许多人都在看《日精进》系列的书，她就主动买了《日精进》系列，看完后非常受益，于是报名来听课，听完半天课程，立刻投资了我们的核心产品。在这个过程中，可以说她都是主动的。

我还有一个学员叫黄春凤。有一天，我问她为什么会投资我们的核心产品，她说："有一次老师在成都讲'为爱成交'，课后邀请投资了这个核心产品的巨海学员跟汤姆·霍普金斯老师一起吃饭。我也做销售，特别想跟世界第一名的销售训练名师一起吃饭，却没有这个机会。回去之后我想，我也是付得起这个费用的，我的人生为什么要留下遗憾呢？"

基于这个案例，我分享两个秘诀：

第一，问已经买单的顾客：你之所以向我购买，原因是什么？

黄春凤主动投资的缘由，就是我问出来的。我也因此知道，有的人诉求就是想跟名师、大咖、企业家吃饭或留影。自然而然地，下次我在推动成交的时候，就会将此变成一个筹码。比如，我请世界级领导力专家约翰·麦斯威尔进行演讲，演讲结束后，我要邀请我们的核心高端客户与他共进晚宴。其他还在犹豫的客户就可能会想：为什么要因为钱跟自己过不去？从而产生消费。

第二，把共同点汇集出来，持续强化和放大。

过去我经常问巨海智慧书院的师兄为什么报名，很多人都讲了一个共同点——我觉得你这个人蛮真诚的。这让我意识到：真诚是撒手锏。我就告诉自己，要持续真诚，不能把我的真诚给丢了。还有的人是为了我们的团队和文化而报名的，我们就坚持把巨海"成长突击队"做得越来越好，把"孝道之星"做得越来越好。

除了上述两个秘诀，我还总结了让顾客主动购买的六大要素。

建立自己在行业中的"江湖地位"

如果你是行业龙头，是行业前三名，是行业标杆，那你成交就会变得比较容易，就像说到手机，华为、小米就有影响力。当你在行业的江湖地位够牢时，你就是权威，自然能吸引顾客买单。

柒　让顾客主动购买

创造自己在行业中的传奇佳话

做了让别人刮目相看的事，持续有佳话，就容易被人经常提起。

2015年，巨海开始开设"为爱成交"课程，一开始只有160人到场，到后来逐渐增至上千人，目前最大规模有2000~3000人。至今，我11次邀请享誉世界的销售训练名师、创造了吉尼斯世界纪录的汤姆·霍普金斯老师走进"为爱成交"的课堂，和我联袂主讲"为爱成交"。"为爱成交"逐渐成为教育培训界在销售和成交方面都极具影响力和含金量的品牌课程。想学销售技巧方法、想提升销售技巧、想知道如何成大单的学员，大多会选择"为爱成交"。

持续创造属于自己的故事

要成为销售高手，你得先成为讲故事的高手。故事是可以设计、可以布局的。讲故事，可以讲别人的故事，讲顾客的故事，更要讲自己的故事。自己的故事是独一无二的，为了持续提升影响力，你必须持续不断地创造属于自己的故事。有了故事，你的生命才会变得有能量、有色彩，好的故事也会传递出你健康生活、热情向上等积极的个人形象，这样你才能吸引顾客，留住顾客，乃至成交。

2015年，我的《一语定乾坤》出版了，写这本书的时候我就定下了一个目标——要把这本书做成百万级畅销书，要把一本书拍卖到101万元人民币。经过努力，在2015年7月18日"商业真经"的课程现场，《一语定乾坤》最终拍卖到了110万元的高价，由沈月芳女士拍得。后来，我们用这笔善款在四川眉山捐建了"沈月芳希望小学"，这所学校早已投入使用。

2019年，巨海成立11周年庆典，我的《日精进：初心卷》在现场拍卖到111万元，由四川凯蓝渝豪品牌管理有限公司的王振兵董事长拍得，我们利用拍卖款，在四川资阳捐建了"巨海永红希望小学"。

一本书拍到110万元，一本书拍到111万元……通过拍卖我的书籍，我们建了两所希望小学，这就是在持续地创造自己的故事。

柒 让顾客主动购买

为顾客赋能和创造价值

2020年我们秉持"走进市场,赋能顾客"的理念,实实在在帮顾客解决问题,真真切切为顾客创造价值。这一年,尽管有新冠肺炎病毒感染的影响,但我还是走访了60多家企业,为其做一对一的咨询辅导和赋能。

前面提到的王振兵董事长,我也去了他的企业,为他的企业做战略咨询和辅导。在咨询辅导之后,我为他的企业提供了五个核心落地方案。因为他有180多家线下门店,近千名销售人员,所以我提出的其中一个解决方案就是效仿巨海评选"十大销售战将"(公司销售业绩的前十名),给这些销售战将福利、奖励。每个月邀请十大销售战将分享自己销售的成功心得和方法,让更多的人向冠军学习,学习冠军成功的方法和心路历程。通过运用这个激励手段,他们企业的业绩得到了巨大增长。

近期我与王振兵董事长沟通交流,他告诉我他们会持续开设新的门店,我就又跟他探讨开设门店成功的关键在于有好的店长,接着我带领巨海的高管为他的企业再次赋能,量身定制"冠军店长复制班",协助其打造出一套店长的系统培训体系,从而孵化出更多"冠军店长"。

把自己的思想精华著成书

不著书,你就永远是个"秘密"。著书,有利于建立你的权威性,打造你的影响力,稳固你的江湖地位。

过去我创作了一系列书籍,比如《大智慧:生命智慧的十大法门》《商业真经》《为爱成交》……最畅销的当属《日精进》系列丛书:《日精进:道心卷》《日精进:初心卷》《日精进:明心卷》《日精进:知行卷》《日精进:青少年双语版》。目前,《日精进》系列丛书累计销量超过500万册。很多顾客都是因为看了这些书,从而走进巨海课堂的。著书是建立我在行业中的影响力的一种方式。

2020年我的《掌控演说》出版了,书中整合了我的王牌课程"演说智慧"中的精华内容,读者反响很不错。他们感慨地说:"原来成杰老师比我们想象中的好。"这本书的市场反应不错,提升了我在培训行业中的影响力,很多顾客也更愿意与我展开后续合作了。

把自己的故事拍成视频

如今,抖音、快手等短视频平台在人们的日常生活中发挥着重要作用。视频最大的魅力是有立体感、有冲击力，用最短的时间就能让顾客接收到你要传递的信息。巨海看到了这一点，也把故事拍成视频，通过视频去影响更多的人，不少顾客因此走进巨海。

> **要点回顾**
>
> **让顾客主动购买**
>
> 1. 建立自己在行业中的"江湖地位"。
> 2. 创造自己在行业中的传奇佳话。
> 3. 持续创造属于自己的故事。
> 4. 为顾客赋能和创造价值。
> 5. 把自己的精华著成书。
> 6. 把自己的故事拍成视频。

持续有佳话,就容易被人经常提起。

要成为销售高手,首先要成为讲故事的高手。

实实在在帮顾客解决问题,真真切切为顾客创造价值。

实操方案

1. 问已经买单的顾客:你之所以向我购买,原因是什么?
2. 把共同点汇集出来,持续强化和放大。

顾客非买不可的十大理由 公司/产品/服务/项目(名称)_____	
理由①	
理由②	
理由③	
理由④	
理由⑤	
理由⑥	
理由⑦	
理由⑧	
理由⑨	
理由⑩	

·捌·
销售的十大策略

The Art of Deal
成交的艺术

·捌· 销售的十大策略

2019年，为了更好服务参与学习"为爱成交"的企业家，给他们提供更多、更新、更好的内容，我开设了一门名为"为爱成交·传承人"的课程，在这一过程中，我研发了一个新的模块——销售的十大策略。

很多人问我："成杰老师，为什么你这么喜欢销售？"我回答道："销售有一种艺术的美。"我觉得成交的最高境界就是一种艺术，真正好的销售有一种艺术的美，会让销售者和被销售者都处在享受的过程中。如果你的销售能达到这个效果，你的事业就会变得越来越好，你也会觉得人生无比美好。

销售有三个阶段。第一个阶段，**体力销售**——靠努力去做销售，缺少方法，需要技巧。第二个阶段，**技巧销售**——通过学习方法、技巧并大量实践，积累一定的实战技巧和方法。这样的情况下，你做销售就会驾轻就熟，事半功倍。第三个阶段，**顾问式销售**——你是这个领域的专家和权威，不是你去找顾客，而是顾客被你吸引，主动来找你。能达到第三阶段，成交就是水到渠成的事。

那么，如何达到"成交的艺术"这一境界？有十个策略。

策略一：销售我们的爱

这一点自始至终贯穿在"为爱成交"这门课中。爱没有增加，一切都是枉然；爱一旦增加，一切即将改变。爱是沟通，爱是交流。爱是日日精进，爱是天天练习。爱就是给对方想要的……

爱要体现在细节中

在我看来，"爱"有两个词性。

第一个是名词。你要给顾客传递一种印象——我是一个有爱的人，我是一个有爱的销售人员，我是一个有爱的企业家。当你出现在顾客面前，顾客感受到你是一个有爱的人的时候，他就会被你的爱融化、感染和感动，从而被你深深吸引。

第二个是动词。比如，爱自己从事的事业，爱自己的公司，爱自己的团队，爱自己的产品，爱自己的顾客，爱自己遇到的每一个人。爱，一定要体现在每一个细节中。

2006年的夏天，我在江苏南京拜访一个做眼镜销售的顾客，他在郊区，离南京市区有两个多小时的车程。他听过我们的课，想买单，但还在犹豫，于是我陪我们的一个业务员去拜访他。我们跟他交流了差不多一个小时，聊得非常愉快，最后他说再给他三天时间考虑。当时我想,他这么爱学习,我们这么好的产品他一定会买的,但毕竟是第一次听我们的课,他还想有更充分的了解也是可以理解的。既然火候未到,就先不急。于是我对他说:"我们先回,等您的好消息。"

在回去的路上,这个顾客打电话给业务员说决定买单,让他去公司财务那儿收支票。当时,业务员非常不能理解,问:"成杰老师,怎么回事?我们刚才在那里,他不买单,现在我们都走到半路上了,他怎么又让我回去?"我说:"要有耐心,顾客在考验我们。"同时我叮嘱业务员见到顾客问一下原因。业务员后来跟我转述了顾客的话:"其实跟你们聊完,我就倾向于买单了,但我还是不够了解你们,还想再考虑一下,而看到成杰老师起身把纸杯扔进垃圾桶的动作,让我从内心深处觉得——你们值得信赖,值得合作。"

原来我们刚到顾客公司的时候,他给我们一人倒了一杯水,告别的时候,我顺手把两个纸杯丢进了茶几旁的垃圾桶里。就是这样一个很小的细节,被他看到了。请记住这句话——**我们的言谈举止,顾客一定会看在眼里,记在心里!**

讲完这个故事,我想分享一句话——细微之处见风范,毫厘之间定乾坤。很多时候,成交就缘于某一个细节。案例中的业务员是刚大学毕业的新人，收完这个单，他也特别感谢我。后来他问我："老师，为什么您这个细微的动作对促进顾客成交的影响如此之大？"我说："我们不要给顾客带来任何麻烦。把用过的杯子收拾了，对我们而言是举手之劳，也会给顾客留下我们注重细节、为他人着想的印象。"销售人员要给顾客传递的印象很重要！

爱工作，更要热爱生活

当下很流行一个词：人设。一个人的人设很重要，其背后就是你传递给别人的印象。爱还有一个非常重要的方面——对生活的爱。如果你是一个热爱生活、热爱生命的人，你自然会有更大的影响力。

> 我作为公司董事长，每天都要转发巨海官微和巨海商学官微的内容，我发现我转发的这些工作内容，有时候点赞量一般般，有时候几乎没有点赞。而我偶尔发一发我跟我儿子一起打篮球的照片，点赞量就很高。为此，我还跟我儿子打趣道："老爸已经带不动流量了，看来只能靠你吸引流量了。"

为什么大家都爱给我分享的日常状态点赞？因为我传递给了别人我的另外一面：我除了是一个认真工作的人，还是一个

·捌· 销售的十大策略

快乐生活的人；我除了是一个事业成功的人，还是一个有幸福生活的人。我的这种积极的状态，感染着大家。作为销售人员，你要传递给顾客的印象应该是：热爱事业，热爱工作，热爱产品，热爱顾客，热爱每一个人，还热爱生命。

我再分享这样几句话，希望你能内化于心——**我爱我的行业，我爱我的事业，我爱我的产品，我爱我的团队，我爱我的顾客，我爱我的听众，我爱我遇到的每一个人！我热爱我的生活，我热爱我的生命！** 我特别喜欢一首诗——汪国真的《热爱生命》，其中有一句"只要热爱生命，一切，都在意料之中"。如果你对你的事业、对你的生命无比热爱，那么一切都在意料之中。我还特别喜欢《世界上最伟大的推销员》，那段"我要用全身心的爱来迎接今天，因为这是一切成功的最大秘密，强力能够避开一块盾牌，甚至毁灭生命，但是只有爱才具有无与伦比的力量，使人们敞开心扉。在掌握了爱的艺术之前，我只算商场上的无名小卒，我要让爱成为我最大的武器，没有人能抵挡它的威力……"这些经典的文章、语句时刻照耀着我。我想分享的是：你一定要有爱！你要让顾客感到你是一个有爱的人！

用爱赢得人心

在这里，我再总结两句话。

第一句话，**我对行业和事业的爱，会赢得员工对我发自内心的追随**。大多数情况下，员工发自内心地追随老板，是因为他看到老板是真的爱这份事业。**老板的努力就是对员工最好的激励**。老板激励员工,不仅仅是靠讲道理、讲故事,更需要行动!我发现,当我对教育培训越来越热爱、对巨海的事业越来越热爱时,越来越多的优秀人开始追随我,追随巨海,甚至还有越来越多的企业家愿意全身心地融入巨海的事业。他们被我吸引,就是因为感受到了我对这份事业、这个行业深深的爱!

第二句话,**我对行业和事业的爱,会赢得顾客对我发自内心的尊重**。我发现,当我对教育培训越来越热爱、对巨海的事业越来越热爱的时候,我的听众、顾客对我越来越尊重。我要分享一个秘密:**真爱才会真成**。你真的爱这个行业,你真的爱这份事业,你真的爱这项工作,你真的爱你所生产的、所销售的产品,一切才会真成。

你对生活、对家庭、对家人的爱,会赢得别人的尊重。你还要把爱放大,不仅爱工作,爱事业,爱团队,爱产品,爱顾客,爱自己,还要去爱更多的人!**小爱是爱自己,大爱是爱天下**。当你懂得去爱更多人的时候,你的魅力会更强,你做销售会更容易。

再讲一个故事。

2009年的夏天,巨海正处于举步维艰的创业阶段。有一天,我们的推广会只来了五六十个顾客,成交量当然也一般般。会议结束了,有员工来跟我说:"老师,有一个大顾客没买单,但是他想请你晚上一起吃饭。"我喜欢跟顾客沟通和交流,所以准时赴约。见面后顾客的第一个问题就是:"成杰老师,我想问一下,你为什么有建101所希望小学的梦想?"我跟他讲:"我是来自山区的孩子,家里穷,没办法供我继续读书,我只好辍学了。所以我走上社会后就有了这样一个梦想——用毕生的时间和精力捐建101所希望小学。我的目的就是帮助更多读不起书的孩子有学上。"

那天晚上我们聊得很开心。第二天他就和我们签了一个30万元的单。2009年,30万元,对刚刚起步的巨海来说真的是一个很大的单。时至今日,他持续购买巨海的培训咨询服务,我们也一直是很好的朋友。

这十多年来,我发现,因为我有建101所希望小学的梦想并真的去做这件事,所以我在别人心目中又多了一份魅力。一个人心中有爱,就会有更强大的魅力,就会有光亮、有光环,这时,他去做销售会变得更容易,成交往往也会水到渠成。这就是爱的力量!

把爱传递给顾客

请思考: 如何做才能把爱传递给顾客?换言之,如何做才能让顾客感受到我们的爱?如何做才能够让顾客感受到我们是有爱的人,是懂得爱的人,是会爱的人?这很重要。

光有爱不够，还要把爱传递出去。只有把爱传递给顾客，销售工作才比较好做。

> 波司登一直把"温暖全世界"作为己任。2020年，波司登在第一时间为新冠疫情较严重、气温较低的全国各大省市的抗疫一线工作人员捐出了15万件总价值3亿元的羽绒服。这就是在传递爱。
>
> 在给波司登做培训的时候，我讲了这样一番话："我们今天销售出去的羽绒服，不仅仅是一件衣服，不仅仅是一件可以保暖的衣服，这件衣服带着的是一份爱。我们是带着一份爱去生产羽绒服的！当我们用爱生产羽绒服的时候，不管顾客在百里、千里、万里之外，他都能够感受到这份爱的温暖。"
>
> 在跟波司登合作的过程中，我进一步了解到波司登为社会持续做了很多贡献，通过各种慈善活动履行自己的社会责任。这样有大爱的企业，消费者还有什么理由不支持呢？

策略二：销售我们的状态

在"销售的十大策略"线上直播时，很多人发私信给我反馈:"成杰老师,你的演讲太棒了!你的这种感觉和状态,仿佛是你站在面对上万人的舞台上,跟世界大师同台演讲一样。"可见,状态太重要了。

状态决定口袋。你的状态越好,你的口袋自然就会越饱满。所以,一个人要拥有一流的状态;一个优秀的销售人员,要让自己时刻拥有昂扬的斗志!那好的状态来自哪里呢?

心态决定状态

有好心情,才会有好事情。一个心态好、心情好的人,他的状态自然会很好。你若带着很好的心情、很棒的状态去见顾客,成交率会不会变高?大概率会!销售是信心的传递,销售是情绪的转移,销售是能量的说服,成交是决心的较量。你一定要学会把自己的心情调整好,时刻保持好心情。

> 有一天,我在讲课的时候,有人问了我一个问题:"老师,我是个管理者,可是经常控制不了情绪,请问你有什么办法吗?"我只说了一句话,他就明白了。我说:"谁愿意把自己的命运、自己的一生,托付给一个连自己的情绪都驾驭不了的人?"

体态决定状态

你会发现：经常运动的人，精气神往往很足、很旺、很饱满。在日常直播之前、在上台演讲之前，我会热身一下，做一做扩胸运动，打一打拳……这就是在调整自己的状态，我经常训练自己"一秒钟进入巅峰状态"。听过我课的人都特别喜欢我讲的一句话——活出生命的精彩，因为我比我想象的更有力量！销售是一种能量的传递，这种能量就来自销售人员的状态。如果你状态不好，你一定要去运动，要去亲近自然，让自己的情绪好起来。

心态决定状态，体态决定状态，状态决定能量。状态越好，能量就会越强。不管是工作生活、演讲直播，你有很好的状态，就容易感染听众、感染顾客！你要想影响更多的人，就要先拥有一流的状态。**唯有处于巅峰状态，才能创造巅峰的成就！**

我讲过"领袖每日三大必修课"：第一，梦想我的梦想；第二，时时心怀感恩；第三，时刻保持巅峰状态。状态就是我的能量，状态就是我的态度。状态就是我灵魂的体现。一个有巅峰状态的人就会有"魂"。什么叫魂？就是"精、气、神"。

一流的状态能呈现积极向上的工作态度、人生态度。拥有一流的状态，你才能够感染顾客，你的事业才可能迈向巅峰。

策略三：销售我们的感觉

什么叫感觉？**感觉就是一切**。我讲过一句话：**一个人守住了初心，就守住了感觉；一个人守住了感觉，就守住了状态；一个人守住了状态，就是在为生命铸魂。**

请问，一名销售人员对他的产品要不要有感觉？当然要有感觉。有感觉才有感情，有感觉才有杀伤力。就像没有人愿意跟一个自己没有感觉的人谈恋爱一样，因为很难幸福。跟自己有感觉的人过日子，你会觉得一切都那么美好，一切都是享受，一切都妙不可言。跟自己没有感觉的人过日子，你会发现说话都是一种负担。同理，如果一个人对自己所做的事情没有感觉，那他想成功太难。**幸福的人生就是和自己有感觉的人过日子，成功的人生就是做自己有感觉的事。**

2018年，我在成都面对4000人开启"商业真经"课程，讲了一个主题叫"演说创造奇迹"，大约讲了25分钟，把我自己讲得大汗淋漓，把4000人讲得热血沸腾！讲完后，我介绍了巨海的一门演说的课程，学员们疯狂买单。那段演说视频我们把它剪辑了出来，巨海商学App上可以搜到。我对那个场景难以忘怀，因为那是我最有感觉的一段演讲。演说，创造奇迹！我领悟到：**感觉就是我情感的流露，感觉就是我杀伤力的体现，感觉就是我灵魂的显现。**

我对我的书《日精进》系列太有感觉了，几乎每天都读。无论是线下演讲、线上直播，还是见到别人，如果不介绍一下《日精进》，我就觉得很难受、很失败。为什么不把这么好的书、这么有感觉的东西分享给别人呢？

记住：**销售就是有感觉地、发自内心地分享**。当你对你的产品有感觉、发自内心地想把它介绍给顾客时，你就会拥有强大的力量。一定要把你的感觉传递给你的顾客，一定要让顾客感觉到你的感觉！

策略四：销售我们的情感

在情感面前，方法和技巧容易显得苍白无力。记住，**你是一个有血、有肉、有灵魂的人，你是一个有情、有爱、有温度的人**，你一定要把你的情感传递给顾客。

在销售工作中，**没有理性，很难持久强大；没有感性，很难创造奇迹**。所以要有理性的一面，也要有感性的一面。那么，要销售什么样的情感呢？

真实的情感

你在跟顾客沟通、交流、交往的过程中，要做一个真实的人。真实是有力量的。我常讲：**做真人，说真话，出真品，寻**

真理，传真经。我跟很多顾客接触久了，他们都认为我是一个越交往就越让人喜欢的人。为什么？真实的力量。

真挚的情感

说通俗一点就是：纯粹。我跟你交往，没有太多的私心杂念、利益算计，就是那么简单纯粹。

真诚的情感

微笑常挂嘴角，真诚流露于眉宇间。真诚的人会给人信赖感、安全感。真诚的人更容易赢得别人的信任。

┃策略五：销售我们的故事┃

要想把销售做好，一定要做两件事——**第一，要成为一个有故事的人；第二，要成为一个会讲故事的人。**

2020年春节之前，巨海举办了一场"为爱成交·全民日精进挑战赛"活动，第一名奖励一辆奔驰。最后的销售冠军是我们的客户——大酱宗师的创始人黄春凤。那天她专门来我们上海总部，我们给她举办了一个交车仪式，还拍了视频。现在我还会不断讲她的故事，有时候课上会放一下这段视频。为什么？因为她是有故事的人。

雷殿生定了一个目标：要徒步走遍中国。他非常有毅力，花了十年时间走遍大江南北，甚至穿越了被称为"死亡之地"的罗布泊。后来，他把自己的故事写成了书。我在一次学习的活动中听了他的演讲，我想这是一个有故事、很励志的男人！活动后我找到他，跟他交流，要了他的联系方式。后来，我邀请他来巨海演讲了好几次。为什么？因为他是一个有故事的人。

我认识的侯斌老师，是连续三届世界残奥会的跳高冠军，用一条腿跳出了世界冠军、跳出了世界高度！他也是2008年北京残奥会的主火炬点燃者。除了跳高，他也在不断地学习和精进。我们是在澳大利亚参加课程学习时认识的，后来成为很好的朋友。我被他的故事感动，请他来到巨海演讲了好几次。为什么？因为他是一个有故事的人。

故事要感动自己，才能感动听众。演讲就是讲故事，故事是演讲的灵魂。很多时候，我们被一个人打动，被一个人吸引，是因为他的故事，是因为他的故事有内涵、有情感、有力量、有温度、有精神……道理容易遗忘，故事却容易铭记。而且，多数人不太喜欢听道理，喜欢听故事。所以，一定要学会销售自己的故事，要把自己人生每一分、每一秒精彩地呈现给这个世界。**用大编剧的思维来谱写人生的传奇，用大导演的视角来布局人生的精彩，用大演员的状态来缔造人生的辉煌。**

策略六：销售我们的梦想

梦想是人生的导航仪，梦想是生命的发动机，梦想是生命的翅膀。当你有梦想的时候，人生就不再迷茫；当你有梦想的时候，人生就有了方向；当你有梦想的时候，人生就会有源源不断的动力。

每次演讲，我都会讲我的梦想：我要成为一名企业家，我要成为一名教育家，我要成为一名演说家，我要成为一名畅销书作家，我要成为一名慈善家……这些都是我人生的梦想。我要把我人生奋斗的故事写成一本书，拍成一部电影……这本书、这部电影的名字我都想好了，就叫《勇闯上海滩》。在我的定制西装的内衬上，右边绣有八个字"携手巨海，势不可挡"，左边绣有五个字"勇闯上海滩"，离我心脏最近的地方是我的梦想——"勇闯上海滩"！

当然，销售自己的梦想，不是为了讲梦想而去梦想。记住：**用自己的梦想点亮听众的梦想，用自己的梦想照亮听众的梦想！**当你讲述自己的梦想时，你是在激发听众的梦想，是在唤醒听众的梦想,是在拉高听众梦想的高度!**梦想一旦明确,人才就会出现;梦想一旦明确,贵人就会出现;梦想一旦明确,资源就会出现;梦想一旦明确,方法就会出现**。所以你要不断去讲你的梦想,这样你才更容易吸引人才、遇到贵人、获得资源、掌握方法。没有梦想的人会被有梦想的人吸引,梦想小的人会被梦想大的人吸引,梦想大的人会被"胆大包天"的人吸引。你一定要有大梦想,一定要去销售你的梦想!

策略七:销售我们的品牌

谈到品牌,有人可能会觉得有点远、有点大。当下流行一个词,大家很容易理解——IP。我们每个人都是有个人IP的,要学会把自己经营成品牌。记住:**我就是品牌,品牌就是我!**

很多人说,"可是我现在默默无闻……"没有关系,成功的人往往是从不成功开始的,有影响力的人大都是从默默无闻开始的。不用担心你当下所处的位置不利,也不用担心你的起点不高,这些都不重要,重要的是你的心向往何方,是你要成为什么样的人。你要学会把自己经营成品牌!当你成为品牌的时候,你就变成了顾问,你就是销售的专家;当你成为品牌的时候,顾客就会被你吸引;当你成为品牌的时候,财富就会如浪潮般向你涌来。

如何把自己经营成品牌?下面给出三个方向。

·捌· 销售的十大策略

一流的产品

产品反映人品,人品决定产品。你的产品品质很好,通常代表你的人品也还不错。人品好的人一般不会向别人推荐不好的产品。

一流的服务

要想赢得商业竞争,一定要有优质的服务。

一致性的行为

我越来越觉得"一致性"这三个字在我的生命中影响力极大。什么叫一致性的行为?就是所做的和所说的是一样的,所想的和所做的是一样的。当你的言行越来越有一致性的时候,你就越来越有魅力,越来越有能量,越来越有说服力,你的顾客就会越容易被你影响。

策略八:销售我们的公司、文化、团队、人才

销售我们的公司

在这里,我想先举个例子。

选一本好书有什么诀窍？

第一，看作者。如果他讲销售，你要看他有没有销售的成果；如果他讲管理，你要看他有没有研究过管理，有没有做过管理；如果他教演讲，你要看他发表过多少演讲，演讲水平怎样。

第二，看出版社。好的出版社是有品牌影响力做背书的。大多数作者都会选择与知名的出版社、做过百万级畅销书的出版社合作。

记住：合作伙伴的水平也反映了你的水平。**好的公司会给人一种强大的信赖感**。所以，你要让顾客看到你的公司的好。

销售我们的文化

很多人来巨海学习，都会把巨海的"孝道之星"和"成长突击队"的文化带回自己的企业。

每年我们都会讲巨海的战略中心思想，比如 2018 年是"十年征程·坚守初心"，2019 年是"人才制胜·服务至上"，2020 年是"服务至上·价值取胜"，2021 年是"回归本真·从心出发"，2022 年是"新价值·新征程·新梦想"，2023 年是"破局增长，势不可挡"。不少顾客会把这些内容复制到自己的企业里，并进行转化、落地、运用。

销售我们的团队

学员来巨海学习"商业真经",都能看到巨海"成长突击队"在舞台上的士气展示;有时候我会把巨海总监级以上的管理者请到舞台上亮相,甚至会请其中两名代表高管讲话……看起来好像只是高管亮相,但这个动作就是在销售巨海的团队。众多高管在舞台上一亮相,你就会发现这家公司挺厉害的,有这么多厉害的人才。看一个老板厉不厉害,往往不是看他本人有多厉害,而是看他身边有多少厉害的人。像我们这样亮相几十个高管,会让顾客觉得成杰老师也不会差。

销售我们的人才

在讲课的过程中,我会讲巨海优秀人才的故事,为什么?因为一家公司有大量优秀人才,说明是一家好公司。

简单总结一下:公司,代表平台的力量;文化,代表信仰的力量;团队,代表支撑的力量;人才,代表合作的力量。

策略九:销售我们的使命

销售我们的使命,就是要让顾客感受到我们是有使命感的。什么是使命?**使命就是我们存在的意义和价值**。我日渐感受到越来越多的人因为巨海教育培训而改变了人生，改变了家庭，改变了事业，改变了生命，我发现教育是一件无比伟大的事情，于是我写下了一句话——**教育的核心价值在于激发一个人的想象力和创造力，教育的终极目的在于塑造一个人的使命感和价值观。**2019年10月，我到北京出席了亚洲八大名师论坛、表彰盛典，获得八大名师荣誉表彰，典礼上我发表了名为"教育的意义"的主题演讲。

回到"使命"这个话题上，**一个有使命感的生命，是这个世界上最伟大的作品。**我们一定要成为有使命感的人。在此分享我人生的使命宣言——我成杰看到、听到、感觉到并深深地知道：我人生的目的，就是成为一个拥有巨大影响力的领袖，去帮助、影响和成就更多的人！

一个人有了使命感，他的生命就处于一种燃烧状态，推动他奋发向上。所以，你一定要写下你的使命宣言。这是我给你的一个小作业。

策略十：销售我们的商业蓝图

前面讲过要销售梦想，而商业蓝图更进一步，关系到公司经营。巨海新十年，我提出了巨海的商业蓝图——巨海要成为一家好公司。一是好产品，二是好服务，三是好体验，四是好管理，五是好口碑或者说好品牌。

捌　销售的十大策略

商业的本质是提供好产品与好服务。我们经常听到一个词语叫"货真价实",另一个词语叫"物超所值",好的产品永远不缺顾客,好的产品自带流量,自带光芒。

除了产品过硬,好的服务也显得越来越重要,每个人在消费产品的过程中都会追求好的服务。

新零售时代,线上线下打通,消费者更加注重用户体验。我们在课程培训的过程中,也非常注重顾客的体验感。

管理追求的是效率,经营追求的是效益。管理是一家企业的"基本功",经营是一家企业的"真本领"。成功难,比成功更难的是持续成功!

品牌是用户体验的总和,好的口碑是好的用户体验积累出来的。

"好"的底层逻辑就是好产品,再加上好服务、好体验、好管理、好口碑,才会缔造出一家好公司!

> **要点回顾**
>
> **销售的十大策略**
>
> 1. 销售我们的爱。
> 2. 销售我们的状态。
> 3. 销售我们的感觉。
> 4. 销售我们的情感。
> 5. 销售我们的故事。
> 6. 销售我们的梦想。
> 7. 销售我们的品牌。
> 8. 销售我们的公司、文化、团队、人才。
> 9. 销售我们的使命。
> 10. 销售我们的商业蓝图。
>
> **销售的三个阶段**
>
> 1. 体力销售：靠努力吃饭。
> 2. 技巧销售：靠方法吃饭。
> 3. 顾问式销售：靠专业吃饭。

我对行业和事业的爱，会赢得员工对我发自内心的追随。我对行业和事业的爱，会赢得顾客对我发自内心的尊重。

心态决定状态，体态决定状态，状态决定能量。

·捌· 销售的十大策略

状态就是我的能量,
状态就是我的态度,
状态就是我灵魂的体现。

一个人守住了初心,就守住了感觉;
一个人守住了感觉,就守住了状态;
一个人守住了状态,就是在为生命铸魂。

销售就是有感觉地、发自内心地分享。

没有理性,很难持久强大;
没有感性,很难创造奇迹。

用大编剧的思维来谱写人生的传奇,
用大导演的视角来布局人生的精彩,
用大演员的状态来缔造人生的辉煌。

梦想是人生的导航仪,
梦想是生命的发动机,
梦想是生命的翅膀。

我就是品牌,品牌就是我!

使命就是我们存在的意义和价值。
一个有使命感的生命,是这个世界上最伟大的作品。

实操方案

思考

我要如何做,才能把我的爱传递给我的顾客?

新的一年,我们要创造什么样的故事才能震撼行业?

请写下:我的人生梦想

_____
_____
_____
_____
_____

梦想的四大标准:

①不可思议;②热血沸腾;③奋不顾身;④不枉此生。

请写下:我的使命宣言

_____
_____
_____
_____
_____

·捌· 销售的十大策略

使命宣言必须：

①正面陈述；

②要包含成为和做到；

③要包含你自己和他人；

④要每天都能体验到；

⑤要简明扼要；

⑥不要概括笼统；

⑦要用充满感情的词汇；

⑧要让你感到兴奋，充满激情与能量。

· 玖 ·

成功招商的十大关键

The Art of Deal
成交的艺术

·玖· 成功招商的十大关键

现如今,招商的成败对于企业的市场拓展起着越来越重要的作用。即使是有经验的招商人员,可能在招商的关键方向把控上仍会有所疏漏。基于此,我总结了"成功招商的十大关键"。

关键一:明确招商会的目的和意义

做每一件事情,你一定要明白目的和意义是什么。很多人拜访顾客没有目的,想到就去拜访,而毫无目的地拜访只会毫无收获地回来。见一个人要有目的,开招商会更是如此。

做一场招商会想获得什么成果,达到什么效果?是收钱、收人、收心,还是扩大影响力?

我们宁夏的学员——白梅老师,和企业员工一起做"宴动山城"活动,2020年一场活动卖出8000桌宴席,2022年卖出12000桌宴席,目的是什么?其一是收钱,其二是打造影响力,其三是把员工的士气、积极性调动起来。

我给金华的学员的企业燕方归设计"365会员卡方案",帮他们卖出了1万杯咖啡,目的是让燕方归获得更多的流量。有人来喝咖啡就会有人用餐,有人用餐就会有人住宿,这"一条龙"就打通了,他们就不再缺人气了。

关键二:找到并明确招商会的抓手

美业、直销、新零售的招商会经常请什么人做嘉宾?请明星。为什么要请明星?因为明星的背后是巨大的流量。有的房地产开发商在楼盘开盘时也会请明星,也是出于对流量的考量。

所以开招商会,需要有一个能吸引人的抓手。你开招商会,仅仅是告诉别人来了解一个商机、一个产品,杀伤力是不够的,但是你换一个角度,告诉他来学习、来成长,你用99%的时间来讲课,调动他的热情,最后再用1%的时间把你的产品和项目推出去,杀伤力就会不一样。

也就是说,要换个角度来成交。比如我在三天课程中持续卖课,上午卖课,下午再卖课,听众不仅会感到疲劳,甚至可能会心生厌恶,这样一来,我卖力地推销却事与愿违。但我换个角度呢?比如不再卖课,而是卖"成杰智慧宴",在一个非常有格调的地方吃饭,做一些智慧的交流,顺便赠送一些课程产品,多半就有人愿意买单了。

· 玖 · 成功招商的十大关键

2018年10月，巨海的"商业真经·国际研讨会"有4000人到场，这场会最重要的抓手是尼克·胡哲。此前的"商业真经"到场人数通常只有一两千人，有的合作伙伴从来都没有转发关于课程的信息。尼克·胡哲一来，听课的人马上就多了，不少合作伙伴也非常主动地分享尼克·胡哲的相关信息。所以，一定要找对抓手。

关键三：建立邀约流程和奖励机制

如果我们这场会的目标是邀约1000人到场，邀约流程是什么？冠军、亚军、季军的奖励是什么？第一名奖励奔驰汽车，第二名奖励苹果、华为手机，第三名奖励苹果、华为平板电脑，这就叫奖励机制。说直白一点：**有人，才有结果**。一定要想尽办法把人约到。而要把人约到，就一定要设定奖励机制。

2021年，我要开设一场"为爱成交"，目标是1000人。许多高管说可能邀不到这么多人，而我要求誓破1000人！这是定了目标。要实现这个目标，关键还要找对人，要"点将"。我就想，谁能带领大家实现约到1000人的目标？后来发现我们有一位分公司的总经理是可以的，于是我就给了他一个特权，让他来做总指挥。他很有经验，设定了合理的邀约流程和诱人的奖励机制。那次课程的最终到场数据为：1280人。

可见，要把这场"战役"打赢，需要先找到合适的总指挥。总指挥要出谋划策，建立机制。而团队是在什么时候成长起来的？就在实现目标的过程中成长起来的。

关键四：把握好顾客的数量和质量

第一，顾客要有数量。人多才有氛围，才有气势，才有感觉。第二，顾客要有质量。光来看戏不行，还必须有能买单的人。

顾客的数量和质量缺一不可，只有数量不行，只有质量也不行。品质再好，只来两个大顾客也没有氛围；来很多人，不成交也白搭。

关键五：预先做好充分的前期铺垫

顾客成交，多半不是因为来听了课，而是听课之前已经有人给他"吹了风"。吹什么风？吹目标成交产品和项目的"风"。这就是提前做好了铺垫。

·玖· 成功招商的十大关键

铺垫要彻底充分

什么是充分的前期铺垫？比如顾客来听我们的线下课之前，一定看过巨海的介绍，看过老师的视频。尤其对重要顾客，更要做到一对一的前期铺垫。在巨海什么样的顾客最容易成交？往往是跟随巨海学习越久的顾客越容易成交。前期铺垫越充分，顾客的信赖感越强大，成交就越快。

成交要快、准、狠

成交要"快"，"快"是速度，钝刀子割肉，越割越痛。

成交要"准"，遇到不对的顾客，一句话就结束；遇到对的顾客，就再聊一下。

成交要"狠"，力不致而财不达！高手成交，一秒钟解决问题！

关键六：招商会会场的选址和布局

交通要方便，但不宜出行太方便

会场所在的地点，要方便全国各地的顾客过来，不过于奔波。而我们一般不选市中心的地方，最直接的原因是，市中心太便利，顾客随时会因为一点小事情就不守时或者离开。此外，市中心餐饮、休闲娱乐一应俱全，有些顾客可能课前去逛商场，逛着逛着不回来了；有些顾客想聊聊天，就喝咖啡去了；有些顾客中午累了，找个足疗店按摩，睡着了就不来听下午的课了……

会场地址与布局有品质

> 很多年前，我有一个朋友对某机构马上要举办的一个活动很心动，都答应好要参加了，最后却决定不去了。他不去的原因非常简单：开课的地方在一家很小的快捷酒店。他说，在那个地方搞活动，这样的公司能好到哪里去？他也马上给我建议："成杰老师，以后你们开课，一定要找最好的酒店。"

现在华东地区开我的大课，只要是1000人以上的场，都基本固定在一家五星级酒店。除了品质有保障，长期在同一个地方开课，这个地方的配合度、能量场、影响力都会提高，这就是"风水"。

在中国培训界我们是第一个用T台会场的，以前别人基本都用舞台，我就是觉得应该独特一些。自从我们用T台之后，慢慢开始别人也有用T台的了。

同时，我对于音响设备的使用标准也是极度严苛的。不管我在哪个城市讲课，只要能办到，我的音响设备都是从上海运过去的。每一场的灯光师、调音师等，也一定是我熟悉的合作伙伴。成本固然高，但是我明白什么更重要！麦克风就是讲师的生命，麦克风没调好嗓子很容易讲哑掉，调好了讲课才不费力。可以说：什么钱都可以省，会场费、设备费绝对不能省！

关键七：招商会会务的流程和品控

一场招商会不论时间长短，都一定要有非常清晰的会务流程。

此外，还要注意做好品控。什么叫品控？就是出现任何问题，第一时间就有人处理和解决。有500人、1000人甚至4000人参加，时长为三天、四天的课要顺利开展，要充分考虑这么多人的吃、住、学、安全，那真是一件不简单的事情。而巨海有一套很强大的会务体系，做到了精准品控。

关键八：舞台主讲人员的演讲水平

演讲者是台下观众目光的聚焦点，他的演讲水平非常重要。无论是语言组织能力、逻辑思维能力、情绪感染力、与观众的现场互动能力，还是灵活应变能力、销讲能力，都至关重要。

关键九：顾客无法抗拒的购买方案

好的成交方案一定是让顾客没有办法抗拒的方案，要精心设计，反复推敲，持续打磨。同时，在一个成交环节内，也不要给顾客太多的选择，因为更多的选择往往意味着更长的考虑时间，这是不利于成交的。

关键十：团队齐心协力、协同配合

成功的招商会需要靠一群人共同努力，各环节配合缺一不可。比如主持人、DJ、音响调控、大屏切换、签到、收款……主讲人的水平能力固然重要，但众多幕后岗位也是不可或缺的。

以上就是招商会成功招商的十大关键，这就像一张地图，按照这张地图走，你就容易到达目的地。

·玖· 成功招商的十大关键

> **要点回顾**
>
> 成功招商的十大关键
>
> 1. 明确招商会的目的和意义。
> 2. 找到并明确招商会的抓手。
> 3. 建立邀约流程和奖励机制。
> 4. 把控好顾客的数量和质量。
> 5. 预先做好充分的前期铺垫。
> 6. 招商会会场的选址和布局。
> 7. 招商会会务的流程和品控。
> 8. 舞台主讲人员的演讲水平。
> 9. 顾客无法抗拒的购买方案。
> 10. 团队齐心协力、协同配合。

幕后巨海人——第 319 期"商业真经"花絮视频

实操方案

会务的三大核心

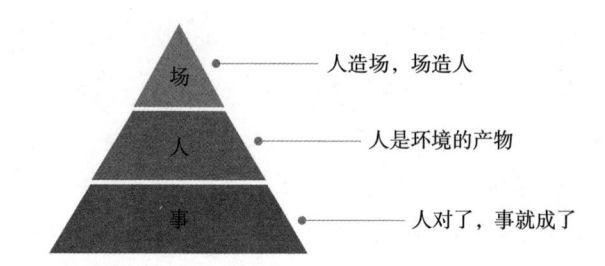

- 场 —— 人造场，场造人
- 人 —— 人是环境的产物
- 事 —— 人对了，事就成了

1.场。

（1）选场。

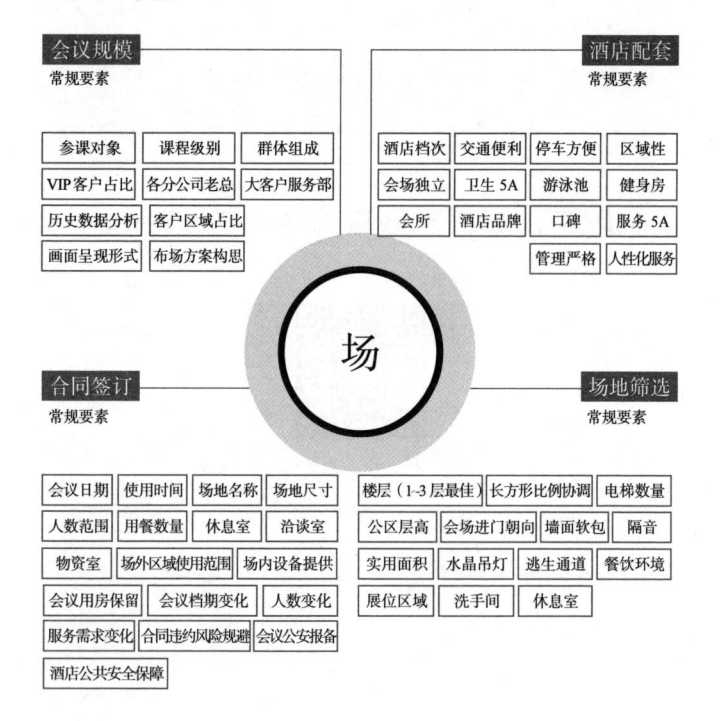

会议规模 常规要素
- 参课对象 | 课程级别 | 群体组成
- VIP客户占比 | 各分公司老总 | 大客户服务部
- 历史数据分析 | 客户区域占比
- 画面呈现形式 | 布场方案构思

酒店配套 常规要素
- 酒店档次 | 交通便利 | 停车方便 | 区域性
- 会场独立 | 卫生5A | 游泳池 | 健身房
- 会所 | 酒店品牌 | 口碑 | 服务5A
- 管理严格 | 人性化服务

场

合同签订 常规要素
- 会议日期 | 使用时间 | 场地名称 | 场地尺寸
- 人数范围 | 用餐数量 | 休息室 | 洽谈室
- 物资室 | 场外区域使用范围 | 场内设备提供
- 会议用房保留 | 会议档期变化 | 人数变化
- 服务需求变化 | 合同违约风险规避 | 会议公安报备
- 酒店公共安全保障

场地筛选 常规要素
- 楼层（1-3层最佳）| 长方形比例协调 | 电梯数量
- 公区层高 | 会场进门朝向 | 墙面软包 | 隔音
- 实用面积 | 水晶吊灯 | 逃生通道 | 餐饮环境
- 展位区域 | 洗手间 | 休息室

·玖· 成功招商的十大关键

（2）布场。

①流程。

1	2	3	4
物资运输 搭建进场 设备定位	酒店协同 桌椅摆台 布局定位	分工装配 开会集合 岗位演练	设备调试 电脑测试 清扫整理

②常见台型。

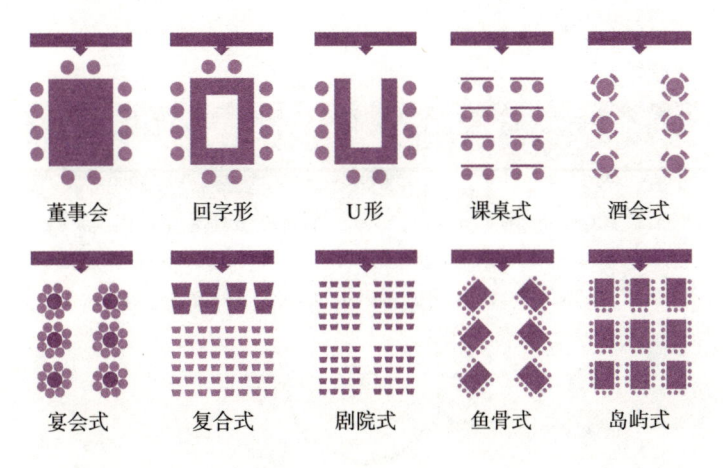

| 董事会 | 回字形 | U形 | 课桌式 | 酒会式 |
| 宴会式 | 复合式 | 剧院式 | 鱼骨式 | 岛屿式 |

（3）造场（如：巨海）。

状态良好	业务熟练	积极带动	学习投入
态度礼貌	沟通有效	回应老师	融入团队
举止规范	服务及时	打开肢体	遵守纪律
穿着得体	建立信赖	模仿互动	上台体验

2. 人。

会务人员组织架构（如：巨海）。

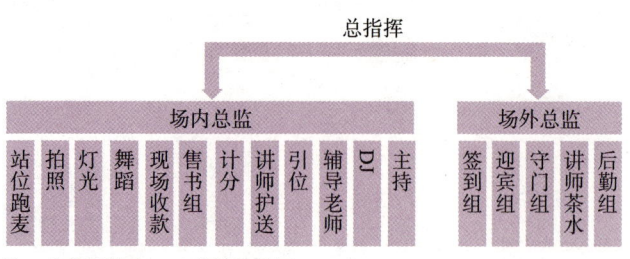

```
                    总指挥
           ┌───────────┴───────────┐
       场内总监                  场外总监
  站位跑麦│拍照│灯光│舞蹈│现场收款│   签到组│迎宾组│守门组│讲师茶水│后勤组
  售书组│计分│讲师护送│引位│辅导老师│DJ│主持
```

注：会前关键人——邀约总指挥。

3. 事。

会前—会中—会后。

会前	会中	会后
布局流程 ➡	服务成交 ➡	总结跟进
邀约报备、确认跟进、分析排座	主动服务、投入学习、积极互动	发现问题、直面问题、解决方案
会务培训、布场集合、岗位演练	角色定位（学生、辅导、会务）	物资整理、分工撤场、运送物资
签到接待、办理入住、提前铺垫	沟通铺垫、精准分析、推动成交	集体总结、团队分析、跟进收单

超级推销员自我确认

1. 我每天大量地宣传我的产品给需要的顾客。
2. 我热爱我的商品。
3. 我不断提供物超所值的服务。
4. 每一个顾客都非常喜欢我的产品。
5. 每天都有大量的顾客购买我的产品。
6. 所有的顾客都不断地转介绍顾客来购买我的产品。
7. 我每天不断地销售产品给大量的顾客。
8. 每一个顾客都热爱我卖给他的商品。
9. 所有顾客都迫不及待地要购买我的产品。
10. 每一个顾客都非常喜欢我。
11. 我不断地介绍最新最好的产品给我的顾客。
12. 每天都有大量的顾客想要认识我。
13. 我拥有大量的AAA级顾客。
14. 我的服务永远是同行中最好的。
15. 我随时关心顾客的需要和他的问题。
16. 我的业绩不断地提升,不断地提升,不断地提升。
17. 我的收入不断地倍增,不断地倍增,不断地倍增。
18. 我的存款不断地增加,不断地增加,不断地增加。
19. 成功实在是一件非常容易的事。
20. 我相信我一定会成为世界上最伟大的推销员。

绝对成交的信念

1. 销售等于帮助。
2. 与顾客成交就是成就顾客。
3. 我工作的任务就是帮助顾客解决他的问题。
4. 我的使命就是去帮助每一个顾客。
5. 让顾客购买是我最大的责任。
6. 顾客一定需要我的产品解决他的问题。
7. 顾客购买一定对他自己有好处。
8. 让顾客购买才能对顾客有帮助。
9. 我让顾客购买就是对顾客好。
10. 销售的目的就是帮助顾客得到他想要的。
11. 我不全力以赴成交就是我的错。
12. 我相信成交一定对顾客有帮助。
13. 我若今天不成交,就是在浪费顾客的时间。
14. 我们只有帮助顾客购买,才能让他享受到我们一流的服务。
15. 我得到报酬,是因为我提供了优质的产品和一流的服务。
16. 假如我不能成交,我就一定要;假如我一定要,我就一定能成交。
17. 只有成交才能让我和顾客都成为赢家。
18. 我可以销售任何产品给任何人,在任何时间、任何地点,并不断地提升我的业绩。